प्रकाशक

GOOPU BOOKS

An Imprint of वी एण्ड एस पब्लिशर्स

F-2/16, अंसारी रोड, दरियागंज, नई दिल्ली-110002
☎ 23240026, 23240027 • *फैक्स:* 011-23240028
E-mail: info@vspublishers.com • *Website:* www.vspublishers.com

शाखाः हैदराबाद
5-1-707/1, ब्रिज भवन (सेन्ट्रल बैंक ऑफ इण्डिया लेन के पास)
बैंक स्ट्रीट, कोटी, हैदराबाद-500 095
☎ 040-24737290
E-mail: vspublishershyd@gmail.com

फ़ॉलो करें:

किसी प्रकार के सम्पर्क हेतु एसएमएस करें: **VSPUB** to **56161**

हमारी सभी पुस्तकें **www.vspublishers.com** पर उपलब्ध हैं

© **कॉपीराइटः** वी एण्ड एस पब्लिशर्स

ISBN 978-93-505709-1-3
संस्करणः 2014

भारतीय कॉपीराइट एक्ट के अन्तर्गत इस पुस्तक के तथा इसमें समाहित सारी सामग्री (रेखा व छायाचित्रों सहित) के सर्वाधिकार प्रकाशक के पास सुरक्षित हैं। इसलिए कोई भी सज्जन इस पुस्तक का नाम, टाइटल डिजाइन, अन्दर का मैटर व चित्र आदि आंशिक या पूर्ण रूप से तोड़-मरोड़ कर एवं किसी भी भाषा में छापने व प्रकाशित करने का साहस न करें, अन्यथा कानूनी तौर पर वे हर्जे-खर्चे व हानि के जिम्मेदार होंगे।

मुद्रकः परम ऑफसेटर्स, ओखला, नई दिल्ली-110020

प्रकाशकीय

अनेक वर्षों से जन विकास सम्बन्धी पुस्तकें प्रकाशित करने के पश्चात् वी एण्ड एस पब्लिशर्स ने बच्चों के मनोरंजन के लिए कहानियों की कुछ चुनिंदा पुस्तकें प्रकाशित करने का निश्चय किया है। ये पुस्तकें बाजार में बिक रही कहानी की साधारण पुस्तकों से थोड़ी अलग हटकर है जो बच्चों का भरपूर मनोरंजन करने के साथ उनका ज्ञानवर्द्धन भी करेगी। हम गोपू बुक्स सीरीज के तहत पंचतंत्र की कहानियाँ पहले ही प्रकाशित कर चुके हैं। गोपू बुक्स को बाजार से भरपूर सराहना मिली है। पाठकों से मिल रही निरंतर प्रशंसा से उत्साहित होकर हम अपने पाठकों के लिए कहानियों की दूसरी विशिष्ट शृंखला प्रकाशित कर रहे हैं।

प्रस्तुत पुस्तक *'बच्चों के लिए अनमोल कहानियाँ'* में लोक कथाओं से जुड़ी प्रसिद्ध कहानियों का संकलन है। कहानी लेखन के द्वारा लेखक ने इस बात का विशेषतौर पर ध्यान रखा है कि कोई भी कहानी एक पेज से अधिक नहीं हो। इस शृंखला में कहानियों की पाँच पुस्तकें हैं। सभी पुस्तकों में पचास-पचास बेजोड़ कहानियों का अनूठा संग्रह है।

पुस्तक की भाषाशैली अत्यन्त सहज तथा भावपूर्ण होने के कारण ये पुस्तकें बच्चों के बीच अवश्य लोकप्रिय होगी। प्रत्येक कहानी के अन्त में कहानी से मिलने वाली सीख की जानकारी भी दी गयी है, जिसे बच्चे पढ़कर ज्ञान अर्जित कर सकते हैं।

हमें पूर्ण विश्वास है कि ये छोटी-छोटी कहानियाँ कम समय में बालमन को गुदगुदाने के साथ अभिभावकों का भी मनोरंजन करेगी।

विषय-सूची

1. आधे खाये की लगायी 7
2. अतिथि-सत्कार का फल 9
3. धन द्रव है 11
4. एक चावल की खीर 13
5. इस हाथ दे, उस हाथ ले 15
6. चिन्ता 17
7. दो मीठे बोल 19
8. नाविक का दायित्व 21
9. चार पत्नियाँ 23
10. तेरी दुनिया बहुत निराली 25
11. बुद्धिराम की होशियारी 27
12. हुनर की सराहना 29
13. दूरदर्शिता 31
14. मित्रता 33
15. भाई का सच्चा प्यार 35
16. जीवन का अर्थ 37
17. किताबी ज्ञान 39
18. शब्दों की शक्ति 41
19. जो होना है सो होए 43
20. ज्ञानी 45
21. लाओ त्जु का न्याय 47
22. सच्चा साधु 49
23. ईश्वर का उपहार 51
24. कौन अमीर, कौन गरीब 53

25.	मुसीबत	55
26.	न्याय	57
27.	मनुष्य-धर्म	59
28.	तीन साधु	61
29.	व्यवहार में परिवर्तन	63
30.	राजा का त्याग	65
31.	पर्वत झुक गया	67
32.	दक्षिणा के मोती	69
33.	सोने का सातवाँ घड़ा	71
34.	लालच की परिक्रमा	73
35.	साधु का ज्ञान	75
36.	ज्ञान में छिपा धन	77
37.	खुशी	79
38.	हाथ की सुगंध	81
39.	ढपोल शंख	83
40.	अनमोल खजाना	85
41.	गुस्से पर काबू	87
42.	स्वर्ग और नरक की सैर	89
43.	लकड़ी का बक्सा	91
44.	लक्ष्मी को तो जाना है	93
45.	मेहमानवाजी का कर्ज	95
46.	ईश्वर की लीला	97
47.	पापी का कुआँ	99
48.	सच्चा धर्म	101
48.	मायाराम की युक्ति	103
50.	पदचिह्न	105

1

आधे खाये की लगायी

राजस्थान में एक नगरी थी, धनपुरी। इसी नगरी में रहते थे 'जीवता' महाराज। पक्के जिमक्कड़। एक दिन जीवता महाराज को सूचना मिली कि नगरी के सेठ धन्नामल के यहाँ पौत्र-जन्म की खुशी में भोज का आयोजन है। बिना बुलावे के ही जीवता महाराज तुरन्त वहाँ जा पहुँचे। जाकर पंगत में शामिल हो गये और खाना शुरू कर दिया। एक पंगत उठी, दूसरी पंगत उठी, देखते ही देखते दस पंगत उठ गयी। लेकिन जीवता महाराज जीमते रहे। अब धन्नामल को चिन्ता होने लगी कि ऐसा ही चलता रहा तो दो बातें होंगी, एक तो भोजन कम पड़ जायेगा और दूसरी कहीं बुजुर्ग जीवता महाराज 'टें' बोल गये तो जीव-हत्या का पाप लगेगा सो अलग। वे बड़ी विनम्रता से जीवता महाराज के सामने भोजन खत्म करने का संकेत कर पानी का पात्र लेकर पहुँचे और कहा, 'महाराज अब पानी पी लो।'

जीवता महाराज बोले- 'अच्छा किया रे धन्ना जो तू पानी ले आया। चौथाई खाने के बाद मैं पानी ही पीता हूँ।' कहते हुए वे पानी गटागट पी गये। सेठ धन्नामल से रहा नहीं गया, तो पूछा, 'महाराज कित्ता खाओगे?' जीवता महाराज ने कहा, 'जब तक रुचेगा, तब तक खाऊँगा। तू कहे तो भूखा ही उठ जाऊँ?' धन्नामल क्या कहता। फिर पन्द्रह पंगतें उठ गयीं, तब धन्नामल ने देखा कि जीवता महाराज वहीं लेट गये हैं। सासें धीमे चलने लगीं, बदन डोलने लगा और हाथ छाती पर आ गये। घबराया धन्नामल दौड़कर वहाँ आया और बोला, 'जीवता महाराज! जिन्दा हो?' जीभ के चटखारों के साथ जीवता महाराज की आवाज आयी, 'यह तो आधे खाये की लगायी हैं। मैं भी जीवता, तू भी जीवता रह धन्ना' धन्नामल समझ गया कि सच्चे जिमक्कड़ जीवता महाराज का भोजन अभी आधा ही हुआ है। धन्नामल ने फिर उन्हें नहीं टोका और परोसने वालों से कह दिया कि इन्हें जीभर जिमाओ, इनके जीमण के बिना पौत्र-जन्म की खुशी अधूरी हैं।

शिक्षा

बहुत भुक्खड़ व्यक्ति को भोजन का निमन्त्रण नहीं देना चाहिए अन्यथा खुशी का आनन्द जाता रहता है।

2

अतिथि–सत्कार का फल

एक गाँव में सुखिया नाम का एक गरीब आदमी रहता था। वह इतना ही कमा पाता था, जिससे उस रोज की गुजर–बसर हो सके। फिर भी उसके चेहरे पर कभी असन्तोष की रेखा किसी ने नहीं देखी। एक शाम की बात है, सुखिया अपने परिवार के साथ भोजन कर रहा था। किसी ने द्वार खटखटाया। वह कोई यात्री था, जो राह भटक कर उस गाँव में चला आया था। सुखिया ने घर आये अनजान अतिथि का स्वागत किया और अपने साथ भोजन करने का आमन्त्रण देते हुए भोजन का अपना हिस्सा प्रेमपूर्वक अतिथि को खिला दिया। इतने पर भी अतिथि की भूख नहीं मिटी, तो सुखिया की पत्नी और बच्चों ने भी अपने हिस्से का भोजन अतिथि को अर्पित कर दिया। भरपेट खाकर तृप्त होते हुए अतिथि ने रात्रि–विश्राम की इच्छा जतायी।

सुबह उठते ही सुखिया को अतिथि की फिक्र हुई लेकिन वह बिना किसी को बताये जा चुका था। सुखिया को अतिथि का व्यवहार विचित्र तो लगा लेकिन वह अपने काम पर जाने की तैयारी करने लगा। इतने में उसके घर एक शाही बग्घी आकर रुकी। दरअसल रात को अतिथि राजा खुद थे, जो वेश बदल कर प्रजा का हाल–चाल जानने के लिए घूमते थे। राजा ने बग्घी से उतर कर सुखिया को गले लगाते हुए कहा कि वे बहुत प्रसन्न है कि अपना भोजन दूसरों को देने वाले सुखिया जैसे सन्तोषी लोग उसके राज्य में है। रात के भोजन के लिए कृतज्ञता जताते हुए न केवल सुखिया के परिवार को राजमहल में भोजन का आमन्त्रण मिला बल्कि सुखिया को राजमहल में ही सेवा का अवसर भी दे दिया गया।

शिक्षा

अतिथि–सत्कार और सन्तोष का फल मीठा होता है।

3

धन द्रव है

रामपुर में एक सेठ मूँजीमल रहता था। एक दिन उसके सपने में लक्ष्मी जी आयी। आते ही बोली,, 'मैं अब यहाँ नहीं रुक सकती। मुझे कल कहीं और जाना है।' व्यापारी अपने सपने से चिन्तित हो गया। उसने अपनी पत्नी से यह बात कही। पत्नी ने कहा कि दान-पुण्य ही लक्ष्मी को रोक सकते हैं। हमारे अहोभाग्य कि यह इतने समय तक हमारे पास रुकीं। मूँजीमल बड़ा कंजूस था। दान-पुण्य करना उसका स्वभाव नहीं था। उसकी इच्छा थी कि लक्ष्मी हमारे पास ही रहें। उसने भी ठान लिया कि वह लक्ष्मी को अपने पास से जाने नहीं देगा।

उसने लक्ष्मी को रोकने का एक उपाय निकाला। लक्ष्मी ने घर से जाने की बात कही थी। मूँजीमल ने एक पेड़ का तना खोखला करवाया और उसमें सोने की मोहरें-आभूषण सब भर डाले। अपनी सम्पत्ति को पेड़ के तने में भरने के बाद उसे अपने घर से बाहर रख दिया। जब पत्नी ने यह सब देखा तो कहा, 'आप कितने भी जतन कर लो लेकिन लक्ष्मी को जहाँ जाना है, वहीं जायेगी।' सेठ ने कहा, 'जब घर में लक्ष्मी है ही नहीं, वह पेड़ के तने में हैं तो कहाँ जायेगी!'

दिन भर मूँजीमल ने तने का ध्यान रखा। आधी रात तक जागता रहा लेकिन फिर उसकी आँख लग गयी। ठीक उसी समय मूसलाधार बारिश हुई। पेड़ का तना बहता-बहता एक झोंपड़ी के आगे जा रुका। वहाँ गरीब 'बिरमा' रहता था। उसने सोचा कि ईश्वर ने जलाने के लिए घर बैठे ईंधन भेजा है। उसने तने को झोंपड़ी में खींच लिया। जैसे ही तने को काटा, उसमें से सम्पत्ति का ढेर निकल पड़ा। उधर नींद खुली तो मूँजीमल भी दौड़ता हुआ आया और बदहवास-सा लक्ष्मी को ढूँढ़ने लगा। बिरमा ने सेठ को चिल्लाते हुए देखा तो उसे झोंपड़ी में लाकर सारी कहानी बतायी और कहा कि आप अपनी लक्ष्मी को ले जाओ।

मूँजीमल ने जब यह करिश्मा देखा, तो भगवान को हाथ जोड़ते हुए कहा, 'सच ही कहा है धन-द्रव का प्रवाह रुकता नहीं।' मूँजीमल ने तुरन्त सारी सम्पत्ति बिरमा सहित गरीबों को दान कर दी और नये सिरे से लक्ष्मी के स्वागत की तैयारी में जुट गया।

शिक्षा

लक्ष्मी चंचला है, उसे एक स्थान पर रोका नहीं जा सकता।

१

एक चावल की खीर

एक बार की बात है भगवान गणेश एक बालक बन गये। उनके एक हाथ में चम्मच भर दूध था और दूसरी हथेली में एक चावल। वे घर-घर जाते और कहते, 'मेरे लिए खीर बना दो।' चम्मच भर दूध और एक चावल देख कर घर की औरतों की हँसी नहीं रुकती। वे कहतीं-इतने में क्या खीर बनेगी? बालक ज्यादा हठ करता, तो कोई फुसला कर टाल देती तो कोई क्रोधित होकर उसे घर से निकाल देती। सुबह से शाम हो गयी, बालक के लिए खीर बनाने को कोई तैयार नहीं हुआ।

साँझ पड़े बालक एक कुटिया में पहुँचा, जहाँ एक वृद्ध महिला रहती थी। बालक ने वृद्धा से भी यही विनती करते हुए कहा, 'माँ मेरे लिए खीर बना दो, महल-भवन घूम आया, मेरे पास चावल भी है और दूध भी, पता नहीं खीर बनाने में कितनी मेहनत लगती है कि सामान देने के बाद भी कोई नहीं बनाता।' वृद्धा ने बालक को प्यार से पुचकारते हुए कहा, 'अरे मेरे लाडो! ला मैं बना देती हूँ तेरे लिए खीर।' वृद्धा ने अपनी बहू से कहा, 'छोटी कड़ाही लाना, खीर बना दूँ।' बालक ने अब एक नयी अनूठी जिद बाँध ली कि 'घर में जो सबसे बड़ी कड़ाही हो, खीर उसी में बनाओ।' वृद्धा ने यह जिद भी मानी और सबसे बड़े कड़ाह में खीर बनाने की तैयारी करने लगी और बालक खेलने चल दिया।

जैसे ही कड़ाह में एक चम्मच दूध और एक चावल डाला गया। कड़ाह लबालब दूध और चावलों से भर गया। सभी अचम्भित थे। वृद्धा ने गाँव भर में ढूँढ़ा लेकिन बालक ढूँढ़े न मिला। बहू ने जब स्वादिष्ट खीर देखी, तो एक कटोरी भरी और भगवान का नाम लेते हुए छुपकर भोग लगा लिया। उधर वृद्धा, बालक को पुकारते हुए घूम रही थी कि एक वाणी गूँजी, 'माँ मैंने तो दरवाजे के पीछे छुपकर भोग लगा लिया है। अब खीर पूरे गाँव को खिलाओ।' पूरे गाँव को खीर का भोग करवाते हुए वृद्धा के मुँह से एक ही बात निकल रही थी, 'बनवाने की पीर! खाओ एक चावल की खीर।' एक चावल की खीर बनाने से मना करने वाले महल और भवन के लोग एक गरीब वृद्धा की खीर खाते हुए प्रभु की लीला के आगे नतमस्तक हो उठे।

शिक्षा

ईश्वर की कृपा हो, तो एक चम्मच दूध और एक चावल के दाने की खीर से पूरा गाँव तृप्त हो सकता है।

5

इस हाथ दे, उस हाथ ले

एक कंजूस सेठ ने रात में एक भयानक सपना देखा। उसने देखा कि लक्ष्मी उसे छोड़कर जा रही है। चिन्ता के मारे सेठ की नींद टूट गयी। उसने सेठानी को जगा कर सपने की बात बतायी। सेठानी बहुत समझदार थी। उसने सेठ से कहा कि आप चिन्ता न करें और आराम से सो जायें। सपने की बात सुबह देखी जायेगी। सुबह उठते ही सेठानी ने अपने सारे आभूषण और रुपया-पैसा गरीबों को बाँटना शुरू कर दिया। यहाँ तक कि अपने रहने की हवेली भी उसने धर्मशाला बनाने के लिए दान कर दी।

सेठ ने इसका कारण पूछा, तो उसने कहा कि लक्ष्मी वैसे भी हमें छोड़ कर जा रही हैं, तो क्यों न उसका सदुपयोग ही किया जाये। सेठ ने भी मान लिया कि विधि का लेखा टलता नहीं। दिन भर दान-पुण्य का क्रम चलता रहा लोग खाली हाथ आते और झोली भरकर अपने घरों को लौट जाते। दिन ढल गया और रात भी हो गयी। कल से एक नयी शुरूआत करने का संकल्प लिए दोनों ने सुख की नींद ली।

आधी रात को लक्ष्मी एक बार फिर सेठ के सपने में आयीं और बोलीं, 'अब मैं तुम्हें छोड़कर नहीं जाऊँगी।' सेठ कुछ समझ नहीं पाया, पर लक्ष्मी ने गम्भीर स्वर में कहा, 'जहाँ दान-धर्म हो, मैं वहाँ से कभी नहीं जाती।' अगले दिन सेठ को व्यापार में भारी मुनाफे का समाचार मिला। खोया हुआ वैभव फिर से लौट आया। सेठ समझ गया था कि इस हाथ देना, उस हाथ पाना भी है। उसके द्वार से फिर कोई खाली हाथ नहीं लौटा।

शिक्षा

जहाँ दान-धर्म होता है, वहाँ से लक्ष्मी कभी नहीं जाती।

6

चिन्ता

एक गाँव में दो घर थे। एक गरीब ग्वाले भोलू का और दूसरा अमीर व्यापारी रामचरण का था। भोलू गरीब होने के बाद भी मस्त रहता था। वह कभी अपने घर के दरवाजे-खिड़कियाँ बन्द करके नहीं सोता था। जबकि रामचरण को ढेर सारी चिन्ताएँ सताती रहती थीं। गाना गुनगुनाने की बात तो दूर वह खुलकर हँस भी नहीं सकता था। रात को मकान के सभी दरवाजे और खिड़कियाँ बन्द करके सोता फिर भी चैन की नींद नहीं आती थी। उसे भोलू से ईर्ष्या होती थी।

एक दिन रामचरण ने भोलू को अपने घर बुलाया और उसे ढेर सारा धन देते हुए कहा, 'तुम यह धन अपने घर पर रख लो। इसे अपना ही समझो। यह सब मुझे लौटाने की कोई जरूरत नहीं है।' इतना धन पाकर भोलू बहुत खुश हुआ और उसे लेकर अपने घर चला गया! धन चोरी न हो जाये, इस डर से उसने पहली बार अपने घर के दरवाजे और खिड़कियाँ बन्द किये। धन सुरक्षित है या नहीं, यह देखने के लिए वह रात को कई बार उठा। सारी रात वह सो नहीं सका। जब वह घर से बाहर जाता, तो धन की सुरक्षा की चिन्ता सताती रहती।

कई दिनों तक यही सिलसिला चलता रहा कुछ दिन बाद ही भोलू सारा धन लेकर रामचरण के घर पहुँच गया और बोला, 'सेठ जी, यह धन आप ही रख लीजिए। इसने तो मेरा चैन और नींद दोनों हराम कर दिये हैं। मैं हँसना-गाना भूल गया हूँ। दिन-रात धन की चिन्ता सताती रहती है। मुझे ऐसा धन नहीं चाहिए, जो मुझे परेशानी में डाल दे। मैं जैसा था वैसा ही खुश हूँ।'

शिक्षा

'धन' चैन की नींद को उड़ा देता है।

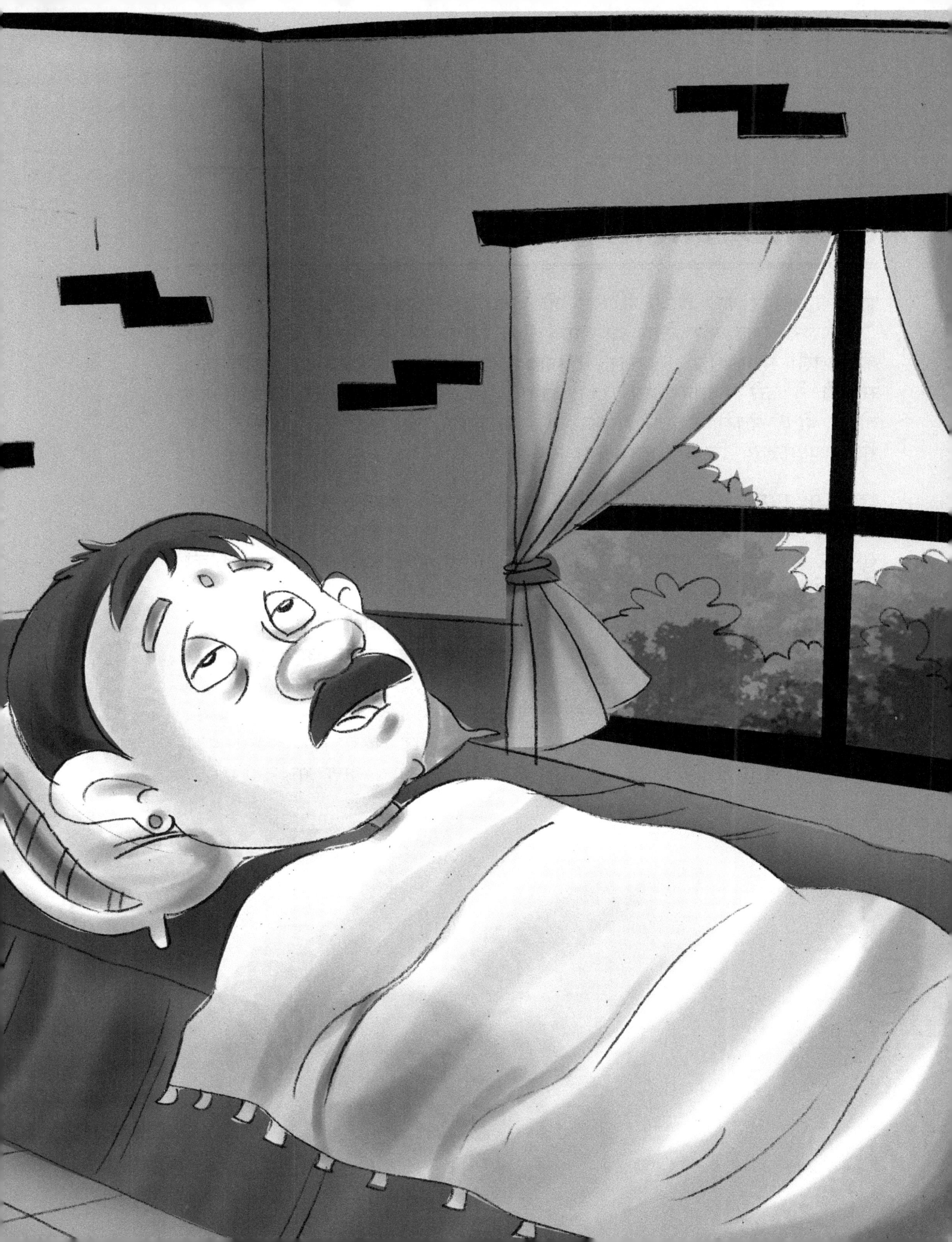

1

दो मीठे बोल

एक फकीर था। भिक्षा में उसे जो कुछ मिल जाता था, उससे वह अपनी गुजर-बसर कर लेता था। एक दिन भिक्षा माँगते-माँगते वह एक सेठ की हवेली पर पहुँचा। फकीर ने फाटक पर रुककर भिक्षा की गुहार की। सन्तरी ने उसे फटकार कर कहा, 'भाग यहाँ से।' फकीर बोला, 'अरे, कुछ तो दे दो।' संतरी ने उसे धक्का देते हुए कहा, 'जा यहाँ से।' फकीर फिर भी हाथ फैलाये गिड़गिड़ाता खड़ा रहा।

इतने में सामने से सेठ का मुनीम आता दिखायी दिया। फकीर ने अपनी आवाज ऊँची करके उससे कुछ देने की माँग की। मुनीम फकीर की पुकार सुनकर बरस पड़ा, 'तुम लोगों को भीख माँगते शर्म नहीं आती? मुफ्त की रोटी तोड़ने की आदत पड़ गयी है।'

कहते हुए मुनीम वहाँ से चला गया। यह सोचकर कि कुछ न कुछ तो मिल ही जायेगा, फकीर वहाँ डटा रहा थोड़ी देर में सेठ बाहर आया। सेठ ने उसकी ओर देखा और सन्तरी को डाँटकर कहा, 'भगाओ इसे यहाँ से।' फकीर कुछ कहे उससे पहले सन्तरी ने उसे धक्का देकर आगे कर दिया। फकीर ने पीछे मुड़कर हवेली पर निगाह डाली और बड़बड़ाया, इतना बड़ा घर और इतनी गरीबी। देने को पैसा नहीं तो दो मीठे बोल भी नहीं।

शिक्षा

किसी को देने के लिए कुछ नहीं है, तो दो मीठे बोल ही दे दो।

8

नाविक का दायित्व

एक नौका में बैठकर कुछ लोग यात्रा कर रहे थे। अचानक तेज बारिश के साथ तूफान आने लगा। सभी यात्री घबरा गये। चारों तरफ हाहाकार मच गया। नाविक ने नौका को किनारे लगाने की बहुत कोशिश की। लेकिन तूफान के आगे उसकी एक ना चली। नौका खेते-खेते वह बुरी तरह थक चुका था। फिर भी उसने हिम्मत नहीं हारी। वह अपने थके शरीर से भी नौका को पार लगाने में जुट गया।

धीरे-धीरे नौका में जल भरने लगा। सभी यात्री नौका से पानी बाहर निकालने लगे। लेकिन पानी का स्तर बढ़ता ही जा रहा था। नाविक तेज धाराओं का सामना नहीं कर सका। निराश होकर उसने पतवार फेंक दी और सिर पकड़कर बैठ गया। देखते ही देखते नौका डूब गयी और सारे यात्री अपनी जान से हाथ धो बैठे। मरने के बाद नाविक को नरक में ले जाया गया। वह बार-बार अपना अपराध पूछ रहा था। उसकी बात सुनकर यमराज ने कहा, 'तुम पर नौका के यात्रियों को डुबाने का पाप है।'

नाविक ने चकित होकर कहा, 'यह तो कोई न्याय नहीं है। मैंने तो भरसक प्रयत्न किया था कि यात्रियों की रक्षा हो सके। लेकिन तूफान इतना तेज था कि मैं भी क्या करता?' यमराज ने उत्तर दिया, 'यह बात सही है कि तुमने परिश्रम किया था, किन्तु तुमने अपना धर्म पूरी तरह नहीं निभाया। तुमने अन्त में नौका चलाना छोड़ दिया था। तुम्हारा कर्तव्य था कि अन्तिम साँस तक उसे खेते रहते। नौका के यात्रियों की जिम्मेदारी तुम पर थी।' यमराज की बातें सुनकर नाविक को अपनी भूल का एहसास हो गया और उसने अपना अपराध मान लिया।

शिक्षा

मरते दम तक अपने कर्तव्य का पालन करना चाहिए।

9

चार पत्नियाँ

एक व्यापारी था। उसकी चार पत्नियाँ थी। वह अपनी चौथी पत्नी को बहुत प्यार करता। अपनी तीसरी पत्नी को भी वह बहुत चाहता था। अपने मित्रों से बड़े गर्व से उसे मिलाता। लेकिन व्यापारी को डर था कि कहीं वह उसे छोड़ नहीं जाये। अपनी दोनों पत्नियों की तरह ही उसे अपनी दूसरी पत्नी से भी बहुत लगाव था। वह बहुत ही समझदार थी और व्यापारी को उस पर सबसे ज्यादा भरोसा भी था। जब भी व्यापारी को कोई समस्या होती, वह अपनी दूसरी पत्नी की ओर ही देखता था। वह उसकी पूरी मदद करती थी और मुसीबत से बाहर भी निकाल लेती थी। लेकिन व्यापारी अपनी पहली पत्नी को बिलकुल नहीं चाहता था। जबकि वह उसके प्रति पूरी तरह समर्पित थी। एक दिन व्यापारी बीमार पड़ गया। उसे लगने लगा कि अब वह ज्यादा दिन नहीं जियेगा। उसने अपने ऐशोआराम और पूरी जिन्दगी के बारे में सोचा और खुद से कहा, 'पूरी जिन्दगी मेरे साथ चार पत्नियाँ रहीं लेकिन मैं मरूँगा तो अकेला ही!' उसने अपनी चौथी पत्नी से पूछा, 'मैं तुम्हें सबसे ज्यादा प्यार करता हूँ, तुम्हारा ख्याल रखता हूँ। अब जब मैं मरने वाला हूँ, तो क्या मेरे साथ चलोगी?'

चौथी पत्नी ने साफ मना कर दिया और वहाँ से बिना कुछ कहे चली गयी। व्यापारी को उसकी यह बात चुभ गयी। दुःखी मन से उसने यही बात अपनी तीसरी पत्नी से पूछा, 'मैंने सारी उम्र तुम्हें प्यार दिया। क्या तुम मेरे साथ चलोगी?' तीसरी बीवी ने कहा, 'कभी नहीं। तुम्हारे मरने के बाद मैं दोबारा शादी कर लूँगी।' उसने अपनी दूसरी पत्नी से कहा, तुमने हमेशा ही मेरी मदद की हैं। आज मैं तुमसे दोबारा मदद चाहता हूँ। जब मैं मर जाऊँगा, तो क्या तुम मेरे साथ ऊपर चलोगी?' पत्नी ने जवाब दिया, मैं तुम्हारा साथ केवल मरने तक दे सकती हूँ।' यह सुनकर तो व्यापारी पूरी तरह से टूट गया। तभी एक आवाज आयी, 'मैं चलूँगी तुम्हारे साथ।' व्यापारी ने सर उठाकर देखा, तो सामने उसकी पहली पत्नी खड़ी थी। वह बहुत दुबली हो गयी थी। उसे देखकर व्यापारी को बहुत दुःख हुआ उसने कहा, 'मुझे तुम्हारा ध्यान सबसे ज्यादा रखना चाहिए था।'

पहली बीवी आत्मा है, दूसरी बीवी हमारा परिवार है, तीसरी बीवी हमारी सम्पत्ति है और चौथी बीवी हमारा शरीर है। मरने के वक्त केवल आत्मा ही साथ जाती है।

शिक्षा

मृत्यु के समय साथ में केवल आत्मा ही जाती है, शरीर यहीं रह जाता है।

10

तेरी दुनिया बहुत निराली

एक दिन रहमत मियाँ बन-ठनकर घर से बाहर निकले सिर पर टोपी, बदन पर रेशमी कुर्ता, हाथ में नवाबी छड़ी और पैरों में शोलापुरी जूतियाँ उन पर फब रही थीं। मस्तानी चाल से चलते हुए रहमत सोचा, चलो, पहले मस्जिद में जाकर इबादत कर लेता हूँ, फिर आगे जाऊँगा। उन्होंने जूते उतार कर एक तरफ रख दिये और अन्दर चले गये। खुदा की इबादत के बाद जब वे बाहर आये, तो उनकी आँखें फटी की फटी रह गयी। उनकी जूतियाँ नदारद थीं। उन्होंने आस-पास खूब ढूँढ़ा। थक हार कर रहमत मियाँ घर की ओर चल दिये।

रास्ते में भुनभुनाते हुए वे खुदा से शिकायत कर रहे थे कि तेरी दुनिया में कैसे-कैसे बन्दे रहते हैं, जो दूसरों की चीजें चुरा लेते हैं। उन्हें जरा भी शर्म नहीं आती। अचानक उनके कानों में कुछ शब्द पड़े, पैसा दे दो बाबा। उन्होंने गुस्से से घूम कर देखा, तो एक भिखारी हाथ फैला कर खड़ा था। उसके एक पैर नहीं था। रहमत मियाँ ने भिखारी से पूछा, 'क्यों भई! तुम्हारे एक पैर नहीं है। क्या तुम्हें खुदा से कोई शिकायत नहीं कि उसने तुम्हारे साथ ऐसा क्यों किया?' भिखारी ने कहा, 'साहब! मैं सिर्फ इतना कहूँगा कि किस तरह से उसका शुक्रिया अदा करूँ, उसकी दुनिया बहुत निराली हैं, वो हम सब बन्दों को देता सदा, रहती न किसी की झोली खाली है।'

उसकी आँखों की चमक और विश्वास को देखकर रहमत मियाँ ने मन ही मन खुदा से माफी माँगी। उन्होंने भिखारी को कुछ रुपये दिये और आगे बढ़ गये। रास्ते में सोचते जा रहे थे कि मेरी तो सिर्फ जूतियाँ खोई हैं, जो दोबारा भी खरीदी जा सकती हैं। फिर भी मैं खुदा से शिकायत कर रहा हूँ, जबकि उस भिखारी के तो एक पैर ही नहीं है और ना ही कभी होगा। लेकिन उसे खुदा से कोई गिला-शिकवा नहीं हैं। उन्होंने मुस्कराते हुए आसमान की तरफ देखा और कहा, 'वाकई, तेरी दुनिया बहुत निराली है।'

शिक्षा

ईश्वर के हर काम निराले और न्यायपूर्ण होते है।

BUZZ

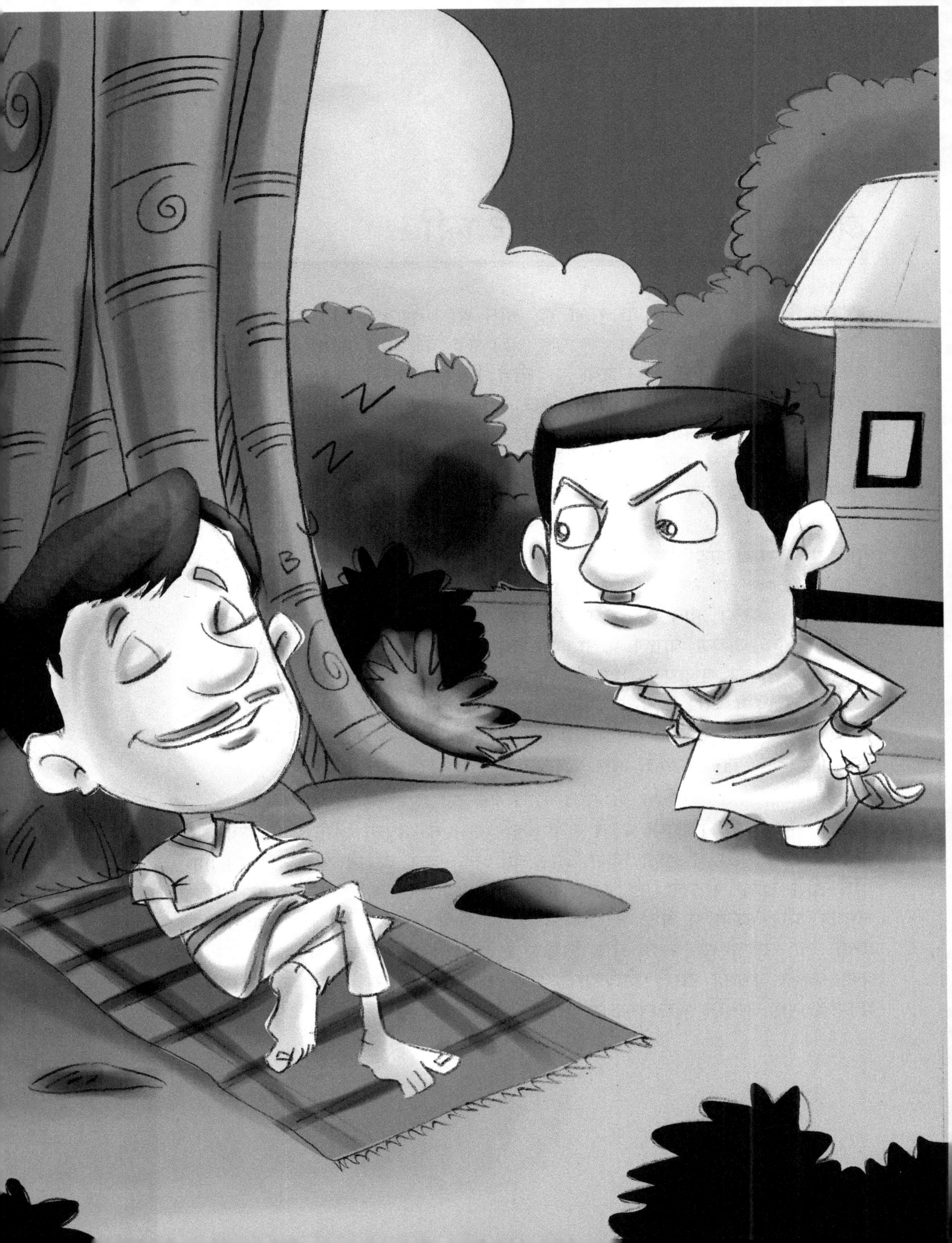

11

बुद्धिराम की होशियारी

एक गाँव में एक सेठजी रहते थे, नाम था होशियारमल। होशियारमल के घर के आगे एक नीम का पेड़ था। पेड़ की घनी छाया थी। एक दिन एक मजदूर उस पेड़ की छाया के नीचे विश्राम करने बैठ गया। बैठे-बैठे उसे नींद आ गयी। उसका नाम बुद्धिराम था। बुद्धिराम जैसे ही जागा, उसने देखा कि सेठजी उसकी छाती पर खड़े हैं और उससे पेड़ की छाया के नीचे सोने के लिए पैसे माँग रहे हैं। सेठजी ने कहा, 'पेड़ मेरे घर के आगे हैं, इसकी छाया भी मेरी है। तुमने इसके नीचे विश्राम किया है, तो इसकी कीमत चुकाओ।'

बुद्धिराम समझ गया कि सेठजी होशियारी कर रहे हैं। बदले में उसने कहा, 'सेठजी छाया तो बहुत सुहावनी थी। मन करता है कि इस छाया में रोज ही विश्राम करूँ। आप तो ऐसा करो कि यह छाया ही मुझे बेच दो।' सेठजी ने सोचा कि अच्छा पागल फँसा। होशियारमल ने पेड़ की छाया का किराया वसूल करने की बजाय हमेशा के लिए ही छाया बुद्धिराम को कुछ पैसों के बदले बेच दिया और अपनी होशियारी की सराहना करते हुए घर चले आये। उस दिन के बाद बुद्धिराम रोज ही पेड़ की छाया के नीचे विश्राम करने पहुँच जाता। सेठजी उसे देखते और उसकी मूर्खता पर हँसते।

एक दिन की बात है। दिन के साथ-साथ पेड़ की छाया ने भी रुख बदला और सेठजी के आँगन में छाया पड़ने लगी। बुद्धिराम ने अपना अँगौछा उठाया और सेठजी के आँगन में डाल दिया और वहीं लेट कर खर्राटे भरने लगा। शाम होते-होते छाया सेठजी की रसोई में चली गयी, तो बुद्धिराम रसोई में जा धमका और छाया में बैठ कर भजन करने लगा। सेठानी ने जब यह हँगामा देखा, तो सेठजी से कहा और दिखाओ होशियारी! सेठजी भी बुद्धिराम को क्या कहते उनकी सारी होशियारी धरी रह गयी। ऐसी होशियारी से कान पकड़ते हुए उन्होंने बुद्धिराम से माफी माँगी और उसे दोगुने पैसे लौटाये।

शिक्षा

बुद्धिमानी से अच्छे-अच्छे बेइमान को सीख दी जा सकती है।

12

हुनर की सराहना

एक नगर में मिट्टी के बर्तन-खिलौने बनाने वाला एक व्यक्ति रहता था। उसका नाम 'माधो' था। माधो के हाथ में बड़ी सफाई थी। उसके बनाये मिटटी के खिलौने जैसे बोलते थे। जैसे-जैसे समय निकला माधो के हाथ की करामात बढ़ती गयी। माधो के हाथ के बर्तन घर में रखना शान समझा जाने लगा और उसके बनाये खिलौनों की माँग दूर देशों से भी आने लगी। अपना यश-मान बढ़ता देख कर माधो फूला नहीं समाता था।

एक दिन की बात। माधो से किसी ने बात-बात में कह दिया कि 'माधो! अब तो तुम इतने निपुण हो गये कि लगता है जैसे सृष्टि को गढ़ रहे हो। बस प्राण की ही कसर हैं।' अब जब भी माधो काम करने बैठता, उसके दिमाग में यही बात घूमती रहती कि वह इतना निपुण हो गया है कि उसके बनाये खिलौने जीवन्त लगते हैं। वह और भी तन्मयता से काम करने की कोशिश करता, लेकिन पहले जैसी एकाग्रता आती ही नहीं थी। मिट्टी की हड़िया तक ले जाने वाले लौटकर माधो से शिकायत करते कि उसमें भरा द्रव रिसता है। खिलौने के साँचों में भरी मिट्टी में भी कमीबेशी होने लगी। पहले जैसे सही आकार निकलकर ही नहीं आते। माधो की ख्याति पर असर होने लगा। कई दिनों तक चिन्तित रहने के बाद माधो ने सारी बात अपनी पत्नी को बताते हुए कहा, 'लगता है, मेरे हुनर पर किसी कि नजर लग गयी है कि कोई काम ठीक से बैठता ही नहीं।' माधो की पत्नी समझदार थी। उसने कहा, 'हुनर को नजर नहीं घमण्ड खाता हैं। हुनर की तारीफ तो अच्छी बात है। इससे कलाकार को प्रोत्साहन मिलता है लेकिन आपके मन में तो प्रशंसा से इतना अहंकार आ गया कि आप मिट्टी से ही कट गये।' माधो को सारा माजरा समझ आ गया और माधो के हाथ फिर से सुन्दर-सुन्दर खिलौने गढ़ने लगे।

शिक्षा

प्रशंसा सुनकर अहंकार नहीं करना चाहिए।

13

दूरदर्शिता

किशनलाल नामक काँपते शरीर वाला एक बूढ़ा व्यक्ति बनवारी सुनार की दुकान पर तराजू माँगने आया। उसके तराजू माँगने पर बनवारी ने कहा, ‘मेरे पास छलनी नहीं है। किशनलाल बोला, ‘शायद तुमने गौर से सुना नहीं। मैं छलनी नहीं तराजू माँग रहा हूँ।’ बनवारी ने कहा, ‘मेरे पास झाड़ू भी नहीं है।’ अब किशनलाल को गुस्सा आ गया। वह बोला, ‘मैं इतनी देर से तराजू माँग रहा हूँ और तुम हो कि कभी छलनी तो कभी झाड़ू न होने की बात कर रहे हो। बहरे हो गये हो क्या?’

बनवारी ने कहा, ‘मैं बहरा नहीं हुआ हूँ। मुझे पता हैं मैं क्या कह रहा हूँ। सुनो, जब तुम सोने का चूरा तोलने के लिए उसे तराजू में डालोगे, तो तुम्हारे काँपते हाथों के कारण थोड़ा-सा सोना जमीन पर गिर जायेगा। उसे उठाने के लिए तुम मेरे पास झाड़ू माँगने आओगे। झाड़ू से उठा तो लोगे, लेकिन सोने के साथ थोड़ी धूल भी आ जायेगी। फिर तुम छलनी लेने आ जाओगे। ताकि सोने को छानकर धूल को अलग कर सको। मैं अपनी दूरदर्शिता के कारण पहले ही तुम्हारे काम के परिणाम को देख रहा हूँ। इसलिए भैया, तुम किसी और दुकान से तराजू माँग लो।’ उसकी बात सुनकर किशनलाल अगली दुकान की ओर बढ़ गया। ठीक कहा गया है, जो व्यक्ति परिणाम को ध्यान में रखता है, वह बुद्धिमान कहलाता है।

शिक्षा

दूर की सोचने वाला व्यक्ति व्यर्थ की झंझट में नहीं पड़ता।

15

मित्रता

कृष्ण और सुदामा ने गुरु सन्दीपन से शिक्षा पायी थी। अध्ययन के समय वे दोनों पक्के मित्र बन गये थे। बड़े होकर कृष्ण तो द्वारका के राजा बने और सुदामा निर्धन-के-निर्धन रहे।

सुदामा की पत्नी ने एक दिन कहा, 'स्वामी! घर में अब खाने को कुछ भी नहीं रहा आपके मित्र कृष्ण अब तो मथुरा के राजा हैं। उनसे कुछ मदद माँगो।' पत्नी सुशीला के बार-बार कहने पर सुदामा द्वारका जाने के लिए राजी हो गये। पत्नी ने भुने हुए चनों की एक पोटली बाँधकर देते हुए उन्हें कहा, 'मार्ग में जब भूख लगे, तो खा लेना।' जब सुदामा कृष्ण के महल के बाहर पहुँचे, तो उनका हाल देख द्वारपाल ने उन्हें रोक लिया।

द्वारपाल ने उसे कृष्ण से नहीं मिलने दिया। परन्तु सुदामा जब बहुत गिड़गिड़ाए तब द्वारपाल ने महाराज के पास सूचना भिजवायी।। कृष्ण ने जैसे ही सुदामा का नाम सुना, तो वे नंगे पैर दौड़े आये। वे सुदामा को सम्मानपूर्वक अन्दर ले गये और अपनी राजगद्दी पर बिठाया।

द्वारका में सुदामा को बड़ा सम्मान मिला, किन्तु कृष्ण ने एक बार भी उनके आने का कारण नहीं पूछा। सुदामा को आशंका होने लगी, कहीं यह मित्रता का दिखावा तो नहीं हैं? चलते समय भी न सुदामा अपना दुःख बता सके और न ही कृष्ण ने उन्हें कुछ दिया। रास्ते भर सुदामा कृष्ण की मित्रता पर शक करते रहे। उन्हें कृष्ण पर क्रोध भी आ रहा था। वे सोच रहे थे, मैं पहले ही सुशीला से कहता था कि कृष्ण बड़ा कंजूस है। सुदामा अपनी नगरी में पहुँचे, तो उनकी झोंपड़ी वहाँ नहीं थी। उसके स्थान पर विशाल भवन खड़ा था। सुदामा सोचने लगे कि इस कृष्ण के चक्कर में उनकी रही-सही झोपड़ी भी चली गयी। भवन की छत पर से एक आवाज आयी, 'चले आइए स्वामी! यह निवास आपका ही है।' यह आवाज सुशीला की थी। सुदामा मन ही मन मुस्कराकर बोले, 'छलिया कहीं का।'

मित्रता में छोटे-बड़े का भेद नहीं होता, वहाँ भावना की प्रबलता और स्नेह का आधिक्य ही पर्याप्त है, जैसे- गरीब सुदामा और वैभव सम्पन्न श्री कृष्ण की मित्रता।

शिक्षा

मित्रता में कोई छोटा-बड़ा नहीं होता है।

15

भाई का सच्चा प्यार

एक गाँव में दो भाई रहते थे। वे बहुत गरीब थे। बड़े भाई की माली हालत छोटे भाई से थोड़ी बेहतर थी लेकिन उसका परिवार बहुत बड़ा था। दोनों ही खेती करके अपना गुजारा करते थे। फसल काटने का समय आ गया। लेकिन बड़ा भाई इसी सोच में रहा कि अब वह छोटे भाई की मदद कैसे करेगा। एक रात बड़े भाई ने चुपके से अपना थोड़ा-सा अनाज लेकर छोटे भाई की फसल की कोठरी में रख दिया ताकि उसकी थोड़ी मदद हो सके। लेकिन आश्चर्य की बात यह थी कि ऐसा करने के बाद भी उसका अनाज कम न हुआ। अगली दो रातों तक वह छोटे भाई की फसल की कोठरी में अनाज रखता रहा लेकिन फिर भी उसका अनाज कम न हुआ। उसे यह बात बहुत अजीब लगी।

इसका राज जानने के लिए एक रात बड़ा भाई अपने खेत में छिप गया। कुछ घण्टों बाद उसने एक व्यक्ति को कोठरी में आते देखा। वह कौन है, यह देखने के लिए बड़ा भाई बाहर निकला। वह अजनबी और कोई नहीं बल्कि उसका छोटा भाई था। हर रात छोटा भाई भी अपने भाई की थोड़ी मदद करने के लिए अपनी फसल का कुछ हिस्सा बड़े भाई के पास रख आता था। ताकि उनकी थोड़ी मदद हो सके। इस घटना के बाद दोनों भाइयों का आपस का प्यार खुलकर एक-दूसरे के सामने आ गया और वे मिलकर सुख से रहने लगे।

शिक्षा

भाई-भाई में सच्चा प्रेम हो, तो गरीब का दुःख कष्ट नहीं देता।

16

जीवन का अर्थ

एक बार गुरु अगस्तेय के आश्रम में एक राजकुमार शिक्षा प्राप्त करने के उद्देश्य से आया। उसने विद्यारम्भ से पहले गुरु से वार्तालाप करने की बात कही। उसने कहा, 'मेरे कुछ सवाल हैं। यदि गुरु जी उनका सही जवाब दे देते हैं, तो मैं इनका शिष्य बनने के लिए तैयार हूँ।' यह सुनकर सभी शिष्य आश्चर्यचकित रह गये। वे गुरु जी की ओर देखने लगे। लेकिन गुरु जी के मुख पर जरा भी क्रोध नहीं था। वे मुस्कराकर कहने लगे, 'ठीक है पुत्र! तुम अपने सवाल पूछो।'

राजकुमार ने पूछा, 'क्या आप मुझे मानवजीवन का उद्देश्य बता सकते हैं?' 'नहीं', गुरु ने उत्तर दिया। 'ठीक है, तो मेरे दूसरे प्रश्न का जवाब दीजिए। जीवन का अर्थ क्या है?' गुरु ने कहा, 'मैं तुम्हें इस प्रश्न का उत्तर भी नहीं दे सकता।' राजकुमार ने तीसरा प्रश्न पूछा, 'मृत्यु क्या है? इस जीवन के बाद कौन-सा जीवन है?' 'मुझे इस प्रश्न का उत्तर भी नहीं आता।' गुरु ने कहा राजकुमार ने झुँझलाते हुए कहा, 'जब स्वयं आपको इन प्रश्नों के उत्तर नहीं आते, तो आप हमें क्या ज्ञान दे सकते हैं। मैं आपका शिष्य नहीं बनूँगा।' यह कहकर वह आश्रम से चला गया।

उसकी बात सुनकर कुछ शिष्यों को उस पर गुस्सा आ गया और कुछ को लगा कि उनके गुरु ज्ञानी नहीं है। गुरु अपने शिष्यों के मन में चल रहे द्वन्द्व को भाँप गये। वे बोले, 'उस जीवन की प्रकृति और अर्थों को जानकर क्या करोगे, जिसे जीना अभी तुमने प्रारम्भ किया ही नहीं। सामने रखे भोजन के बारे में अटकलें लगाने से बेहतर होगा कि उसको चखकर देख लिया जाये। अर्थात् दूसरों को जीते देख जीवन का अर्थ समझ में नहीं आता। उसे खुद जीकर देखो। सभी प्रश्नों के उत्तर अपने आप मिल जायेंगे।'

शिक्षा

श्रेष्ठजनों से व्यर्थ के प्रश्न पूछकर, उनकी योग्यता की परीक्षा नहीं लेनी चाहिए।

17

किताबी ज्ञान

एक बार इनाम गजाली दूसरे शहर की यात्रा पर जा रहे थे। बीच में सुनसान रास्ता पड़ता था, जहाँ डाकुओं का खतरा हमेशा बना रहता था। वे चलते-चलते थक गये। उन्होंने एक पेड़ के नीचे चादर बिछायी और थैले से किताब निकालकर पढ़ने लगे। उसी समय डाकुओं ने धावा बोल दिया। डाकुओं के सरदार ने गजाली से कहा, 'तुम्हारे पास जो कुछ भी है चुपचाप मेरे हवाले कर दो, वर्ना जान से हाथ धोना पड़ेगा।'

गजाली ने कहा, 'मेरे पास सिर्फ कपड़े और चन्द किताबें हैं।'

सरदार बोला, 'तेरे कपड़े हमारे किस काम के। हाँ, इन किताबों को बेचकर जरूर कुछ पैसे मिल जायेंगे।' यह कहते हुए सरदार ने गजाली के हाथ से किताबों का थैला छीन लिया। गजाली ने गिड़गिड़ाकर कहा, 'ये किताबें मेरे बड़े काम की है। इनको बेचकर आपको थोड़ा-बुहत पैसा मिलेगा, लेकिन मेरा बहुत नुकसान हो जायेगा। मुझे जब भी कोई ज्ञान की बात देखनी होती हैं, तो मैं इन किताबों में देख लेता हूँ। यदि तुम इन्हें ले जाओगे, तो जरूरत पड़ने पर मैं किताबें कैसे देखूँगा? दया करके मेरी किताबें मुझे लौटा दो।'

यह सुनकर सरदार हँस पड़ा और किताबों का थैला जमीन पर पटकते हुए बोला, 'ऐसा ज्ञान किस काम का, जो किताबों के बिना अधूरा हो। उठा ले अपना थैला, बड़ा ज्ञानी बनता है। इन किताबों के बिना तेरा कोई वजूद नहीं है।' सरदार की इस बात का गजाली पर बहुत प्रभाव पड़ा। इस घटना के बाद गजाली ने किताब में निहित ज्ञान को अपने मन-मस्तिष्क में कैद कर लिया। आगे चलकर वे बहुत बड़े इमाम और धर्मगुरु बने।

शिक्षा

किताबी ज्ञान के साथ-साथ जीवन का व्यावहारिक ज्ञान भी जरूरी होता है।

18

शब्दों की शक्ति

एक फकीर किसी गाँव से गुजर रहा था। रास्ते में उसे एक महिला मिली, जो बहुत दुःखी लग रही थी। फकीर ने उसके दुःख का कारण पूछा। महिला ने बताया कि उसका बेटा बहुत बीमार है। सभी दवाएँ बेअसर हो गयी है। फकीर ने उसे अपने घर ले चलने को कहा उसके घर पहुँचकर फकीर ने बीमार लड़के का सिर अपनी गोद में रखा और ईश्वर से उसे स्वस्थ करने की प्रार्थना करने लगा।

उसे ऐसा करते देख लड़के का पिता गुस्सा हो गया। वह बोला, 'क्या लगता है तुम्हें कि तुम्हारी प्रार्थना से बच्चा ठीक हो जायेगा। बड़े-बड़े वैद्य भी इसका इलाज नहीं कर पाये।' उसकी बात सुनकर फकीर बोला, 'तुम मूर्ख हो। अपना मुँह बन्द रखो और मैं जो कर रहा हूँ वह करने दो। तुम इन सब बातों के बारे में कुछ नहीं जानते।' फकीर की बात सुनकर वह व्यक्ति गुस्सा हो गया। इससे पहले कि वह कुछ बोलता फकीर ने उसके कन्धे पर हाथ रखकर प्रेमपूर्वक कहा, 'मुझे माफ कर दो। मैंने गुस्से में न जाने क्या-क्या कह दिया।'

यह सुनकर उस व्यक्ति का गुस्सा शान्त हो गया। तब फकीर ने कहा, 'जब मेरा एक शब्द तुम्हें गुस्सा दिला सकता है और एक शब्द शान्ति, तो क्या प्रार्थना के कुछ शब्द मिलकर तुम्हारे बच्चे को स्वस्थ नहीं कर सकते।' उस व्यक्ति को फकीर की बात समझ में आ गयी।

शिक्षा

शब्दों में अपार शक्ति होती है। अच्छी बातों का अच्छा प्रभाव और बुरी बातों का बुरा प्रभाव पड़ता है।

19

जो होना है सो होए

एक गाँव में शान्ति नाम की महिला रहती थी। वह धनी थी लेकिन बिलकुल अकेली। अपना कहने को कोई नही था। वह अपना अकेलापन दूर करने के लिए आये-दिन गाँव में भोजन करवाती। समय के साथ शान्ति का शरीर ढलने लगा। लेकिन उसकी भोजन व्यवस्था में कोई कमी नहीं आयी। आखिर एक दिन उसका अन्तिम समय आ गया। यमदूत ने मनुष्य का वेश धारण किया और धरती पर उसे लेने आ पहुँचा।

उस समय शान्ति के घर में भोज चल रहा था। घर में खुशहाली का माहौल था। दूत भी उस भोजन में शामिल हो गया। उसने शान्ति से कहा, 'तुम्हारी मृत्यु का समय आ गया है। मैं तुम्हें लेने आया हूँ।' शान्ति ने कहा, 'आप देख रहे हैं, मेरे घर का माहौल बिगड़ जायेगा।' दूत बोला, 'मुझे आज सौ लोगों को ले जाना है। जरा जल्दी करो मैं ज्यादा देर नहीं रुक सकता।' शान्ति ने कहा, 'आप पहले उन सौ लोगों को ले जाइये तब तक मैं अपने काम निपटा लूँगी।' 'सबसे पहला नाम तुम्हारा है। इसलिए मैं पहले तुम्हें ही ले जाऊँगा', दूत बोला। शान्ति ने दूत को भोजन का निमन्त्रण दिया। दूत ने उसकी बात मान ली और सूची एक तरफ रखकर भोजन में व्यस्त हो गया।

शान्ति ने मौका पाकर अपना नाम शुरू से हटाकर सबसे नीचे लिख दिया। जब दूत भोजन करके उठा, तो उसने शान्ति से कहा 'मुझे तुम्हारी बात मंजूर हैं। मैं दूसरे लोगों को पहले ले जाता हूँ। मैं शुरूआत उस व्यक्ति से करूँगा जिसका नाम सूची में सबसे नीचे होगा।' जैसे ही उसने सूची देखी, सबसे नीचे शान्ति का नाम लिखा था। शान्ति ने सिर्फ इतना कहा और चलने के लिए तैयार हो गयी,

टाल नहीं सकता कोई, लिखा जो है सो होए।

कितने भी जतन करो, जो होना है सो होए।।

शिक्षा

ईश्वर का विधान अटल है, उसे कोई भी बदल नहीं सकता।

20

ज्ञानी

एक दिन एक धनी व्यापारी ने लाओ-त्जु से पूछा, 'आपका शिष्य येन आपसे किस बात में श्रेष्ठ है?' लाओ-त्जु ने उत्तर दिया, 'उदारता में वह मुझसे श्रेष्ठ हैं।' आपको शिष्य कुंग की क्या श्रेष्ठता है?' व्यापारी ने पूछा। लाओ-त्जु ने कहा, 'मेरी वाणी में उतनी मिठास नहीं है, जितनी उसकी वाणी में है।' व्यापारी ने फिर पूछा, 'आपका शिष्य चांग किस तरह श्रेष्ठ है?' लाओ-त्जु बोला, 'मैं उसके समान साहसी नहीं हूँ।'

लाओ-त्जु की बात सुनकर व्यापारी चकित हो गया। वह बोला, 'यदि आपके शिष्य आपसे ज्यादा श्रेष्ठ हैं, तो वे आपके शिष्य क्यों हैं? उन्हें तो आपका गुरु होना चाहिए।' लाओ-त्जु ने मुस्कराते हुए कहा, 'वे सभी मेरे शिष्य इसलिए हैं, क्योंकि उन्होंने मुझे गुरु के रूप में स्वीकार किया है और उन्होंने ऐसा इसलिए किया है, क्योंकि वे जानते हैं कि किसी सद्गुण विशेष में श्रेष्ठ होने का अर्थ ज्ञानी होना नहीं हैं।' 'तो फिर ज्ञानी कौन हैं?' व्यापारी ने प्रश्न किया। लाओ-त्जु ने उत्तर दिया, 'वह जिसने सभी सद्गुणों में पूर्ण सन्तुलन स्थापित कर लिया हो।'

शिक्षा

गुणों में सन्तुलन ही श्रेष्ठता का प्रतीक है।

21

लाओ त्ज़ु का न्याय

लाओ-त्ज़ु बहुत बुद्धिमान और न्यायप्रिय था। एक दिन चीन के राजा ने उसे बुलाया और कहा, 'तुम चीन में अपने न्याय के लिए जाने जाते हो। इसलिए मैं चाहता हूँ कि तुम मेरे राज्य में न्यायधीश के पद पर काम करो।' लाओ-त्ज़ु ने राजा को समझाने का बहुत प्रयास किया, लेकिन राजा ने उसकी एक न सुनी। लाओ-त्ज़ु ने कहा, 'ठीक है, आप एक दिन का ही मुझे न्याय करने का अधिकार प्रदान करें। यदि आप मेरे न्याय करने के तरीके से खुश हो गये, तो मैं आपकी बात मान लूँगा।' राजा ने कहा, 'मुझे मंजूर है।'

अगले दिन लाओ-त्ज़ु के सामने एक चोर को लाया गया। जिसने राज्य के एक धनी जमींदार का धन चुराया था। सब जानते थे, जमींदार बहुत अत्याचारी था। लाओ-त्ज़ु ने सारे मामले को अच्छी तरह सुना और अपना निर्णय सुनाया, 'चोर और जमींदार, दोनों को छः महीने का कारावास दिया जाये।' उसका यह निर्णय सुनकर राजा और वहाँ बैठै सभी दरबारी अचम्भित हो गये। जमींदार ने कहा, सजा का हकदार तो यह है। आप मुझे क्यों कारावास की सजा सुना रहे हैं? यह कैसा न्याय है?

लाओ-त्ज़ु ने जमींदार से कहा, 'यदि मैंने तुम्हें सजा नहीं दी, तो चोर के साथ न्याय नहीं होगा। बल्कि तुम्हें तो चोर से ज्यादा सजा होनी चाहिए। तुमने लोगों की मजबूरी का फायदा उठाकर आवश्यकता से ज्यादा धन जमा कर रखा है। राज्य के गरीब लोगों की जमीन-जायदाद गिरवी रखते हो और पैसा मिलने के बाद भी लौटाने का नाम नहीं लेते। तुमने उन लोगों को उन्हीं के धन से वंचित कर दिया है। लोग भूखे मर रहे हैं लेकिन तुम्हारी धन एकत्र करने की लालसा कम नहीं हो रही। तुम्हारे लालच के कारण ही ऐसे चोर पैदा होते हैं। तुम्हें तो इसके गुनाह की सजा मिलेगी, ही तुम्हें भी कारावास भोगना पड़ेगा।'

उसके न्याय करने के तरीके से प्रसन्न होकर राजा ने उसे न्यायाधीश के पद पर नियुक्त कर दिया।

शिक्षा

केवल अपराधी को ही नहीं, उसे अपराध में ढकेलने वाले को भी सजा मिलनी चाहिए।

22

सच्चा साधु

भगवान बुद्ध ने अपने शिष्यों को दीक्षा देने के उपरान्त उन्हें धर्मचक्र-प्रवर्तन के लिए अन्य नगरों और गाँवों में जाने की आज्ञा दी। बुद्ध ने सभी शिष्यों से कहा, 'तुम सभी कहीं भी जाओगे, वहाँ तुम्हें अच्छे और बुरे दोनों प्रकार के लोग मिलेंगे। अच्छे लोग तुम्हारी बातों को सुनेंगे और तुम्हारी सहायता करेंगे, लेकिन बुरे लोग तुम्हारी निन्दा करेंगे। उनके ऐसे व्यवहार से तुम्हें कैसा लगेगा?' हर शिष्य ने अपनी समझ से बुद्ध के प्रश्न का उत्तर दिया। उन्हीं में से एक शिष्य ने कहा, 'यदि कोई मेरी निन्दा करेगा, तो मैं उसे बुरा नहीं कहूँगा क्योंकि उसने सिर्फ मेरी निन्दा की है, थप्पड़ तो नहीं मारा।'

'यदि कोई थप्पड़ मार दे तो?' बुद्ध ने पूछा। 'मैं उसे धन्यवाद दूँगा, क्योंकि उसने मुझे केवल थप्पड़ मारा है, डण्डे से पिटायी नहीं की।' बुद्ध ने पूछा, 'यदि डण्डे से पिटायी कर दे तो?' 'तो मैं उसे दयालु समझूँगा, क्योंकि उसने मुझे जान से नहीं मारा।' 'और यदि वह तुम्हें जान से मार डाले तो?' बुद्ध ने मुस्कराते हुए पूछा। शिष्य बोला, 'इस संसार में बहुत दुःख हैं। जितना अधिक जीवित रहूँगा, उतना अधिक दुःख देखना पड़ेगा। जीवन से मुक्ति के लिए आत्महत्या करना तो महापाप है। यदि कोई जीवन से ऐसे ही मुक्ति दिला दे, तो मैं उसका भी उपकार मानूँगा।'

शिष्य के वचन सुनकर बुद्ध को अपार सन्तोष हुआ। वे बोले, 'तुम धन्य हो। केवल तुम ही सच्चे साधु हो। क्योंकि सच्चा साधु किसी भी दशा में दूसरे को बुरा नहीं समझता। मुझे विश्वास है कि तुम सदैव धर्म के मार्ग पर चलोगे।'

शिक्षा

सच्चा साधु-पुरुष किसी बात का बुरा नहीं मानता, सदा वह मानवीय धर्म पथ पर ही चलता है।

23

ईश्वर का उपहार

मिश्रजी बहुत सज्जन लोगों में गिने जाते थे। उनकी कोशिश रहती थी कि वे कोई ऐसा गलत काम न करें, जिससे दूसरों का मन दुःखे, लेकिन लाख कोशिशों के बावजूद भी वे कोई न कोई गलती कर ही बैठते थे। जिसका बाद में उन्हें बहुत पछतावा होता। एक दिन उन्होंने सोचा क्यों न मैं अपनी गलतियों के लिए खुद को सजा दूँ। उन्होंने तय किया कि जब भी मैं कोई गलती करूँगा, तो अपने सिर के दस बाल उखाड़ दूँगा। जिस दिन मेरे सिर पर एक भी बाल नहीं रहेगा, मैं यह दुनिया छोड़ दूँगा। इस बात के लिए उन्होंने प्रण ले लिया।

लगभग चार महीने बीत चुके थे। मिश्रजी धीरे-धीरे गंजे होते जा रहे थे। वे समझ चुके थे कि गलतियों से दूर रहना बहुत मुश्किल है। आखिर वो दिन आ ही गया, जब मिश्रजी के सिर में एक भी बाल नहीं बचा। उस दिन उन्होंने आत्महत्या करने का फैसला किया। वे नदी में जैसे ही छलांग लगाने लगे, एक आवाज आयी, 'रुक जाओ, आत्महत्या करना पाप है।' वह आवाज देवदूत की थी। मिश्रजी बोले, 'अब कुछ नहीं हो सकता। मैंने प्रतिज्ञा की थी कि जब मेरे सिर पर एक भी बाल नहीं बचेगा, तब मैं यह दुनिया छोड़ दूँगा।' देवदूत ने कहा, 'तुम्हारी बात ठीक हैं, लेकिन तुम उन लोगों में से हो, जो गलती करने पर खुद को सजा देने की हिम्मत रखते हैं। वरना लोग गलतियाँ करते जाते हैं, लेकिन उन्हें कोई पछतावा नहीं होता।'

मिश्रजी दुःखी होते हुए बोले, '...लेकिन मैं जब भी खुद को गंजा देखूँगा, तो मुझे अपनी गलतियों का एहसास होगा और मैं दुःखी हो जाऊँगा।' देवदूत ने कहा, 'जिन गलतियों की तुम खुद को सजा दे चुके हो, उन्हें याद करने से क्या फायदा। तुम्हारे दुःख को दूर करने के लिए ईश्वर ने तुम्हारे लिए यह उपहार दिया है।' देवदूत मिश्रजी को उपहार थमा कर गायब हो गया। जैसे ही मिश्रजी ने उपहार खोला, तो खुशी के मारे उनकी आँखें छलछला आयीं। उस डिब्बे में एक टोपी रखी थी।

शिक्षा

मनुष्य की गलतियों और अच्छाइयों के लिए दण्ड और पुरस्कार केवल ईश्वर ही दे सकता है।

25

कौन अमीर, कौन गरीब

एक धनी व्यक्ति को अपने अमीर होने पर बहुत घमण्ड था, जबकि उसका बेटा इंसानियत के आगे धन को छोटा समझता था। एक दिन उस धनी व्यक्ति ने अपने बेटे को धन का महत्त्व समझाने की सोची। वह उसे गरीबी दिखाने के लिए एक गाँव में ले गया। वहाँ उसने बेटे को भुखमरी, लाचारी आदि दिखायी। बहुत देर भ्रमण करने के बाद वे अपने घर लौट आये। घर आकर पिता ने बेटे से पूछा, 'कैसी लगी यात्रा?'

बेटे ने कहा, 'बहुत अच्छी लगी।' 'तो तुमने देख लिया कि इस दुनिया में जिनके पास पैसा नहीं है, वे लोग किस तरह का जीवन बिताते हैं।' पिता ने कहा– 'हाँ पिताजी! मैंने सब देख लिया।' बेटे ने जवाब दिया। 'तो इस यात्रा से तुमने क्या सीखा?' पिता ने प्रश्न किया।

बेटे ने जवाब दिया, 'मैंने देखा कि हमारे पास एक कुत्ता है, जबकि उनके पास बहुत सारे हैं। हमारा स्वीमिंग पूल तो बहुत छोटा है, लेकिन वे बहुत बड़ी नहर में नहाते हैं। हमारे घर को रोशन करने के लिए महँगी लाइटें लगी हैं, जबकि तारों भरा आकाश उनके घर को रोशन करता है। हमारे नौकर हमारी देखभाल करते हैं, जबकि वे एक-दूसरे का ख्याल रखते हैं। हम अपना खाना खरीदते हैं लेकिन वे अपना खाना खुद उगाते हैं। हमारे घर की रक्षा के लिए चाहरदीवारी है, जबकि पड़ोसी एक-दूसरे के घर की रखवाली करते हैं।' यह सुनकर पिता निरूत्तर हो गया। उसे समझ में आ गया था कि असली गरीब तो वह खुद है।

शिक्षा

मन की सन्तुष्टि ही सबसे बड़ी और सच्ची अमीरी है।

25

मुसीबत

एक गाँव में दो भाई रहते थे। राधे और मणिराम। राधे बहुत गरीब था और मणिराम के पास धन सम्पत्ति की कोई कमी नहीं थी। एक दिन राधे ने सोचा क्यों न परदेस जाकर अपने भाग्य को आजमाया जाये। एक दिन वह अपने परिवार के साथ परदेस जाने के लिए घर से निकलने लगा। तभी आवाज आयी, 'रुको, मैं भी तुम्हारे साथ चलूँगी।' राधे ने घूमकर देखा तो मुसीबत खड़ी थी। मुसीबत ने कहा, 'इतने वर्षों से मैं तुम्हारे साथ रह रही हूँ। मुझे भी साथ ले चलो।' राधे की पत्नी चालाक थी। उसने मुसीबत से कहा, 'हम सभी के पास कुछ-न-कुछ सामान हैं, ऐसा करो, तुम यह चक्की अपने सिर पर रख लो।'

मुसीबत ने चक्की सिर पर रख ली। वे सभी गाँव से बाहर आ गये। चलते-चलते रास्ते में एक नदी आयी। राधे का परिवार तो नदी पार कर गया, लेकिन चक्की के बोझ के कारण मुसीबत पानी में डूब गयी। राधे की मुसीबत जा चुकी थी। अब उसका भाग्य बदलने लगा। वह धीरे-धीरे धनवान हो गया। राधे के भाई मणिराम से उसकी अमीरी देखी नहीं जा रही थी। उसने राधे से धनवान बनने का किस्सा पूछा, तो राधे ने सारी बात उसे बता दी। दूसरे दिन मणिराम नदी के पास पहुँचा और जैसे-तैसे मुसीबत को खींच कर बाहर निकाल लिया। बाहर आते ही मुसीबत खुश हो गयी। उसने पूछा, 'मैं तुम्हारे उपकार का बदला कैसे चुकाऊँ।' मणिराम ने कहा, 'बस, तुम अपने पुराने मालिक के पास वापिस लौट जाओ।'

मुसीबत ने मणिराम का हाथ पकड़ते हुए कहा, 'कैसी बातें करते हो। आप जैसे दयालु और परोपकारी व्यक्ति को छोड़कर मैं उस बुरे व्यक्ति के पास क्यों जाऊँ, जिसने मुझे पानी में डुबो दिया। उसका क्या भरोसा। कहीं फिर से मुझे डुबो दे।' उस दिन से मुसीबत मणिराम के साथ रहने लगी। वह गरीब होता चला गया। वह अपनी स्थिति को देखकर यही सोचता था कि जो दूसरों के लिए गड्ढा खोदता है, एक दिन वही उसमें गिर जाता है।

शिक्षा

दूसरों की बुराई सोचने वाला सदा दुःखी रहता है, जिस प्रकार दूसरे के लिए गड्ढा खोदने वाला स्वयं ही उस गड्ढे गिर पडता है।

26

न्याय

एक गाँव में सुखिया और मंगू नामक दो व्यक्ति रहते थे। वे एक-दूसरे के पड़ोसी थे। सुखिया अमीर था और मंगू गरीब। एक दिन किसी बात को लेकर उन दोनों में झगड़ा हो गया। बात पंचायत तक पहुँच गयी। सारी बात सुनने के बाद पंचायत ने दोनों को दूसरे दिन आने को कहा। अगले दिन जब मंगू पंचायत में जाने लगा, तो उसके मन में एक ख्याल आया। उसने सोचा सुखिया के पास तो बहुत पैसा है। कहीं उसने पंचों को खरीद लिया, तो फैसला उसके पक्ष में हो जायेगा।

चलते-चलते उसे घनी छाँव दिखायी दी। उसने कुछ देर आराम करने की सोची। तभी उसने देखा एक खेत में तरबूज लगे हैं। कमजोर-सी बेल पर इतने भारी तरबूज देखकर वह ईश्वर की रचना पर शक करने लगा। लेकिन ज्यादा ना सोचते हुए वह बरगद के पेड़ की छाँव में लेट गया। उसकी नजर बरगद के पेड़ पर लगे गूलर पर पड़ी। उसने कहा, 'ईश्वर! समाज तो कमजोर लोगों पर अन्याय करता ही है, आपने भी इस बेल के साथ कम अन्याय नहीं किया। इतनी कमजोर बेल जो बिना सहारे के खड़ी तक नहीं हो सकती। उस पर भारी-भरकम तरबूज लटका दिये और इतने बड़े पेड़ पर छोटे-छोटे गूलर।' 'ऐसा भाव मन में आते ही गरीब को लगा की जब भगवान अन्याय कर सकता है, तो मेरे साथ भी यदि धनी व्यक्ति अन्याय कर देगा, तो क्या बुरा करेगा।'

थोड़ी देर आराम करने के बाद जब वह उठने लगा, तभी एक गूलर टूट कर मंगू के मुँह पर आ गिरा। वह एकाएक बैठा और बोला, 'ईश्वर! मुझे माफ कर दीजिए। आपने जो भी बनाया है, नियम से बनाया है। यदि बरगद में गूलर जैसे छोटे फल की जगह तरबूज जैसा विशाल फल लगा होता और वह मेरे मुँह पर गिर जाता, तो मेरे प्राण-पखेरू ही उड़ जाते।' यह सोचकर उसे बहुत प्रसन्नता हुई कि ईश्वर ने जब प्रकृति के साथ अन्याय नहीं किया, तो वे उसके साथ भी कुछ गलत नहीं होने देंगे। उसके साथ न्याय जरूर होगा। वह प्रसन्न मन से पंचायत की ओर चल दिया।

शिक्षा

ईश्वर सर्वसमर्थ, सर्वविद् और न्यायशील है। उसका प्रत्येक कार्य उचित और न्याय से परिपूर्ण होता है।

27

मनुष्य-धर्म

तेत्सुगेन नामक जापानी व्यक्ति ने दिन-रात की कठोर मेहनत के बाद एक पुस्तक लिखी। वह उसे छपवाना चाहता था, लेकिन उसके पास पर्याप्त धन नहीं था। इसलिए उसने लोगों से धन एकत्र करने की सोची। वह नगर-नगर घूमता और लोगों से पुस्तक के लिए धन माँगता। पुस्तक का महत्व समझने वाले लोगों ने उसे अपने सामर्थ्य के अनुसार सोने के सिक्के दिये। बहुत से लोग ऐसे भी थे जो चाँदी या ताँबे के सिक्के दे सकते थे। तेत्सुगेन ने सभी का दान प्रेमपूर्वक लिया और उनका आभार प्रकट किया।

काफी समय बाद तेत्सुगेन के पास जरूरत से ज्यादा धन एकत्र हो गया। वह अपनी पुस्तक छपवाता, इससे पहले गाँव की नदी में बाढ़ आ गयी और लोग मदद के लिए चिल्लाने लगे। मुसीबत टल जाने के बाद लोगों का भूख-प्यास से बुरा हाल था। इस हादसे में बहुत से लोगों की मृत्यु हो चुकी थी।

तेत्सुगेन से यह सब देखा नहीं गया। उसने जो धन पुस्तक छपवाने के लिए एकत्र किया था, वह बाढ़पीड़ितों की सहायता में दे दिया। वह समझ गया था कि भले ही उसने धन एकत्र करने में बहुत मेहनत की थी लेकिन अभी उससे ज्यादा जरूरतमन्द बाढ़पीड़ित थे।

शिक्षा

जो दूसरों की तकलीफ के समय अपना स्वार्थ न देखे और हरसम्भव मदद करे वही सच्चा मनुष्य होता है।

28

तीन साधु

ज्ञान की खोज में तीन साधु हिमालय पर जा पहुँचे। वहाँ पहुँचकर उन्हें बहुत भूख लगी। देखा तो उनके पास मात्र दो रोटियाँ थी। उन तीनों ने तय किया कि वे भूखे ही सो जायेंगे। ईश्वर जिसके सपने में आकर रोटी खाने का संकेत देंगे, वही इन रोटियों को खायेगा।

तीनों साधु सो गये। आधी रात को वे तीनों उठ गये और एक-दूसरे को अपना सपना सुनाने लगे। पहले साधु ने कहा, 'मैं सपने में एक अनजानी जगह पहुँच गया। वहाँ बहुत शान्ति थी। वहाँ ईश्वर मिले। उन्होंने कहा, तुमने जीवन में सदा त्याग ही किया है। इसलिए ये रोटियाँ तुम्हें खानी चाहिए।' दूसरे साधु ने कहा, 'मैंने सपने में देखा कि भूतकाल में तपस्या करने के कारण मैं महात्मा बन गया हूँ और मेरी मुलाकात ईश्वर से होती है। वे मुझे कहते हैं कि लम्बे समय तक कठोर तप करने के कारण रोटियों पर सबसे पहला हक तुम्हारा है, तुम्हारे मित्रों का नहीं।'

अब तीसरे साधु की बारी थी। उसने कहा, 'मैंने सपने में कुछ नहीं देखा, क्योंकि मैंने वे रोटियाँ खा ली हैं।' यह सुनकर दोनो साधु क्रोधित हो गये। उन्होंने तीसरे साधु से पूछा, 'यह निर्णय लेने से पहले तुमने हमें क्यों नहीं उठाया?' तीसरे साधु ने कहा, 'कैसे उठाता? तुम दोनों तो ईश्वर से बातें कर रहे थे। लेकिन ईश्वर ने मुझे उठाया और भूखे मरने से बचा लिया।' सही कहा गया है कि जीवन-मरण का प्रश्न हो, तो कोई किसी का मित्र नहीं होता। व्यक्ति वही काम पहले करता है, जिससे उसका जीवन बच सके।

शिक्षा

भूख के सामने बड़े-बड़े त्यागियों और धीरज वाले व्यक्तियों का धैर्य छूट जाता है।

29

व्यवहार में परिवर्तन

धनीराम नाम का एक व्यक्ति था, जो अपनी पत्नी कौशल्या के कंजूसी भरे स्वभाव से बहुत परेशान रहता था। वह लाख चाहते हुए भी अपनी मर्जी से एक ढेला भी खर्च नहीं कर सकता था। एक दिन वह निराश और उदास अवस्था में बाजार से गुजर रहा था, तभी अचानक उसकी मुलाकात अपने पुराने मित्र सुन्दर से हो गयी। कई सालों बाद मुलाकात होने की वजह से वे अपने जीवन के बारे में एक-दूसरे को बताने लगे।

बात चलते-चलते पत्नियों पर आ गयी। सुन्दर अपनी पत्नी की तारीफ करने लगा। जब उसने धनीराम से उसकी पत्नी के बारे में पूछा, तो वह बोला, 'वैसे तो मेरी पत्नी कौशल्या में बहुत सारे गुण हैं, लेकिन उसकी कंजूसी वाले स्वभाव के कारण सारे गुण छिप जाते हैं। जबसे विवाह हुआ है, तबसे मैं उसका यही व्यवहार देखता आया हूँ। समझ नहीं आता उसे कैसे समझाऊँ कि कभी-कभी जमा धन को खर्च भी करना चाहिए।'

धनीराम की बात सुनकर सुन्दर ने उसे अपने घर ले चलने को कहा धनीराम उसे अपने घर ले गया। वहाँ सुन्दर ने कौशल्या के सामने जाकर एक मुट्ठी बनायी और उससे पूछा, 'यदि मेरी मुट्ठी हमेशा इसी अवस्था में रहे, तो आप इसे क्या कहेंगी?' कौशल्या बोली, 'मुझे लगेगा जैसे आपके हाथ को लकवा मार गया है।' सुन्दर ने अपनी हथेली पूरी तरह खोल दी और पूछा, 'यदि इस अवस्था में हाथ रहे, तो आपको क्या लगेगा?' कौशल्या ने कहा, 'मुझे तब भी लकवा ही लगेगा।' सुन्दर बोला, 'आप भी कुछ इसी तरह के लकवे की शिकार हैं।'

'मैं कुछ समझी नहीं।' कौशल्या ने आश्चर्य से पूछा। 'सीधी-सी बात है। जब हाथ एक अवस्था में रहें, तो आपको लगेगा कि उसे लकवा हो गया हैं। इसी तरह आपके व्यवहार को भी लकवा हो गया है। विवाह से लेकर आज तक आपने कंजूसी करने वाला एक ही व्यवहार अपना रखा है। यदि आप स्वस्थ हैं, तो अपने व्यवहार में परिवर्तन लाइए।' यह कहकर सुन्दर वहाँ से चला गया। कौशल्या समझदार थी। वह सुन्दर के कहने का अर्थ समझ गयी और कजूंसी का व्यवहार छोड़ दिया। अब वह खर्च भी करती और बचत भी।

शिक्षा

बचत करना अच्छी बात है, किन्तु कंजूसी एक रोग है। इस रोग को दूर करना चाहिए।

30

राजा का त्याग

सोमगढ़ का राजा शेर सिंह मौज-मस्ती के रंग में डूबा रहता था। जबकि रामगढ़ का राजा राम सिंह अपनी प्रजा से बहुत प्रेम करता था। रामगढ़ की जनता को सुखी और सम्पन्ततन देखकर शेर सिंह को ईर्ष्या होती। एक दिन उसकी ईर्ष्या इतनी बढ़ गयी कि उसने रामगढ़ पर आक्रमण कर दिया। राम सिंह ने सोचा, यदि मैं युद्ध करूँगा, तो हजारों निर्दोंष सैनिक मारे जायेंगे। उसने बिना युद्ध किये अपना राज्य शेर सिंह को दे दिया और खुद जंगल में जाकर एक गुफा में रहने लगा।

एक दिन रामू और शामू नामक दो भाई लकड़ियाँ काटने उसी गुफा के पास आये, जहाँ राम सिंह रहता था। रामू ने शामू से कहा, 'शेर सिंह ने घोषणा करवाई है कि जो भी राजा राम सिंह को उसके पास पकड़ कर लायेगा, उसे इनाम में दस हजार सोने की मोहरें दी जायेगी। यदि वे मोहरें हमें मिल जायें, तो हमारी गरीबी दूर हो जायेगी।' उसकी बात सुनकर राम सिंह गुफा से बाहर निकल आया और बोला, 'यदि मेरे कारण तुम धनवान बन सकते हो, तो मैं चलने को तैयार हूँ।' वे दोनों राम सिंह को शेर सिंह के पास ले गये। शेर सिंह ने दोनों भाइयों को इनाम की रकम देकर विदा किया और राम सिंह को गले से लगा लिया। यह देखकर सभी दरबारी आश्चर्यचकित रह गये। शेर सिंह ने कहा, 'मैंने आपको जो भी कष्ट दिये हैं, उनके लिए मैं क्षमा चाहता हूँ। अब आप अपना राज सिंहासन सम्भालें। मैंने सीख लिया है कि ताकत के बल पर राज्य को जीता जा सकता है लेकिन प्रजा के मन को नहीं। भविष्य में मैं भी अपनी प्रजा के सुख-दुःख का ख्याल रखने का प्रयास करूँगा।' यह कहकर शेर सिंह अपने राज्य सोमगढ़ लौट गया।

शिक्षा

प्रेम से सभी का मन जीता जा सकता है।

Old Lady

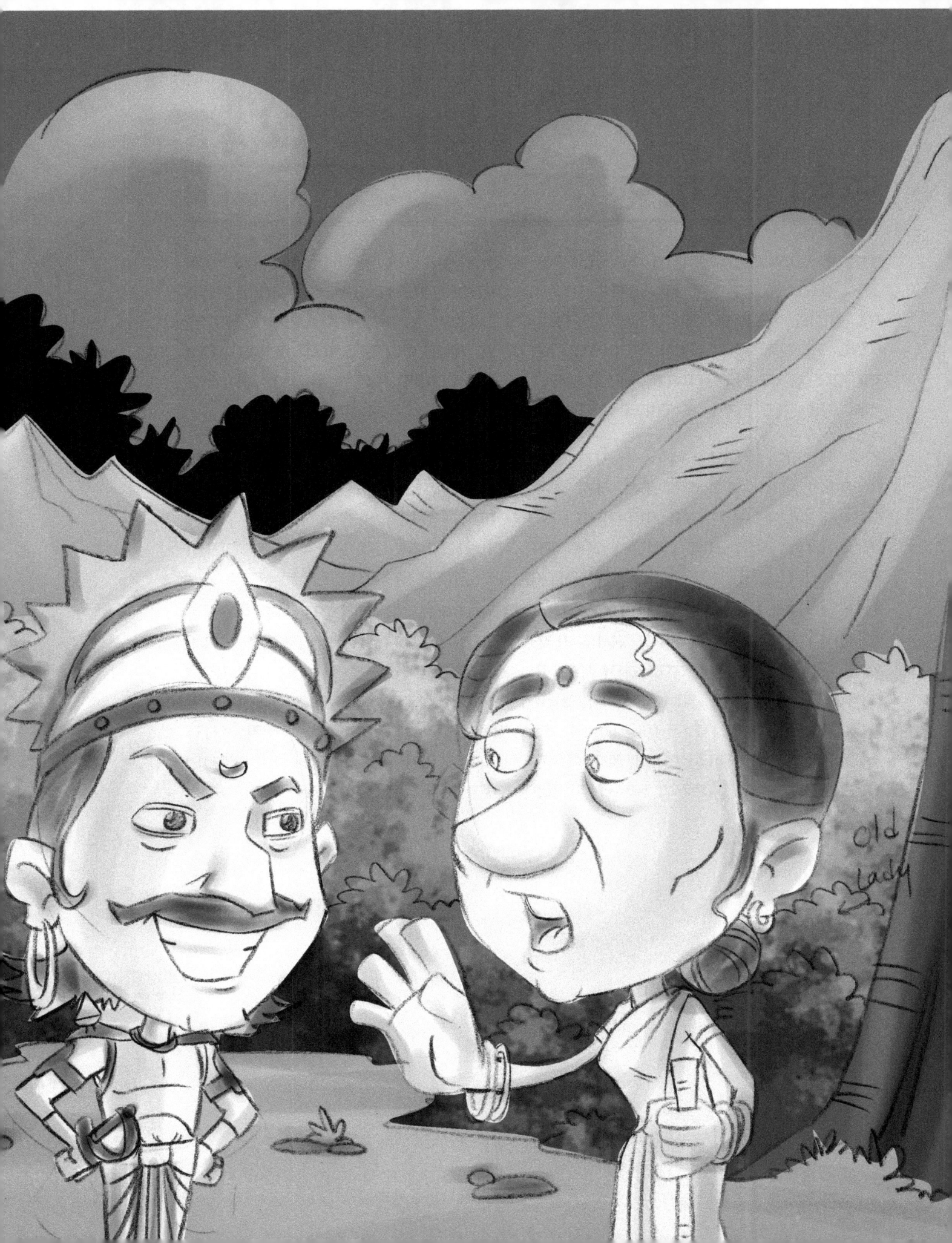

31. पर्वत झुक गया

एक बार राजा चित्रसेन अपनी सेना के साथ युद्ध पर जा रहा था। वह जिस रास्ते से जा रहा था, उसमें एक बहुत बड़ा पर्वत था। जैसे ही राजा पर्वत पर चढ़ाई करने को तैयार हुआ, उसे एक आवाज सुनायी पड़ी। उसने घूमकर देखा, तो एक वृद्धा खड़ी थी। उसने राजा से कहा, 'अनेक वीरों ने इस पर्वत को पार करने की कोशिश की है। वे सब अपने प्राण गँवा चुके हैं। अब तक कोई इसे पार करने में सफल नहीं हुआ।'

राजा ने कहा, 'तुम्हारी बातों ने मेरा उत्साह और बढ़ा दिया है। मैं तुम्हें वह करके दिखाऊँगा, जो अब तक कोई नहीं कर सका।' वृद्धा ने उसे फिर समझाने की कोशिश की, लेकिन राजा नहीं माना। उसने कहा, 'मैं एक बार कदम आगे बढ़ाने के बाद उसे पीछे नहीं हटाता। अब चाहे जो भी बाधाएँ आयें मैं उनका सामना करूँगा। अगर मेरी मृत्यु हो गयी, तो भी मेरा साहस व शौर्य जीवित रहेगा।'

राजा ने अपने सैनिकों से कहा, 'आगे बढ़ो! समझो कि मार्ग में कोई पर्वत है ही नहीं। हमें उस पार खड़ी सेना से युद्ध करना है। बस, उन्हें ध्यान में रखो।' राजा की बात सुनकर सारी सेना पूरे जोश से पर्वत पार करने के लिए जुट गयी। चित्रसेन सबसे आगे था। अन्त में उन्होंने पर्वत पार कर ही लिया और शत्रुओं पर टूट पड़े। युद्ध में उनकी विजय हुई। सही कहा गया है यदि मनुष्य दूसरों की बात सुनकर कठिनाई से घबरा जाये, तो वह कभी सफल नहीं हो सकता। साहसी और दृढ़ निश्चयी व्यक्ति के लिए दुर्गम पर्वत भी सुगम बन जाता है।

शिक्षा

साहसी और दृढ़ निश्चयी व्यक्ति ही सदा सफल होते है।

३२

दक्षिणा के मोती

एक दिन गुरु ज्ञानदेव नदी के तट पर साधना में लीन थे। तभी उनका एक शिष्य उनके पास आया। उसने गुरु के प्रति भक्ति और समर्पण की भावना के कारण उनके चरणों के पास दो अमूल्य मोती रख दिये। यह उसकी ओर से गुरु के लिए दक्षिणा थी। मोती की छुअन से गुरु ने अपनी आँखे खोलीं और शिष्य से पूछा, 'यह सब क्या है?'

शिष्य ने कहा, 'गुरुजी ये मोती मेरी ओर से गुरु दक्षिणा हैं। कृपया इन्हें स्वीकार करें।' गुरु ने दोनों मोती हाथ में उठाये उनमें से एक मोती फिसलकर नदी में जा गिरा, शिष्य ने भी छलाँग लगा दी। वह काफी देर तक मोती ढूँढ़ता रहा अन्त में हार कर उसने गुरु से पूछा, 'आपने तो देखा था कि मोती कहाँ गिरा था। आप मुझे जगह बता दें, तो मैं उसे ढूँढ़कर वापस ला दूँगा।'

गुरु ने दूसरा मोती उठाया और नदी में फेंकते हुए बोला, 'वहाँ गिरा था।' उनके ऐसा करने से शिष्य समझ गया कि ये बहुमूल्य मोती उसके लिए कीमती हो सकते है लेकिन गुरु को इनकी कोई आवश्यकता नहीं है। उसने दक्षिणा के रुप में देने के लिए गलत वस्तु का चयन किया था।

शिक्षा

गुरु द्वारा दिया गया ज्ञान अमूल्य होता है, उसकी कीमत कोई नहीं आँक सकता।

३३

सोने का सातवाँ घड़ा

एक व्यापारी था। वह शहर से सामान लाकर गाँव में बेचा करता था। रोज की तरह एक दिन वह शहर जा रहा था। उसने सोचा क्यों न आज रास्ता बदलकर जाऊँ। जब वह दूसरे रास्ते से जाने लगा, तो उसे एक गुफा दिखायी दी। आराम करने की सोचकर वह उस गुफा में चला गया। भीतर जाकर उसने देखा, वहाँ सात घड़े रखे हैं। उसने एक घड़े को खोला, तो वह सोने के सिक्कों से भरा हुआ था। इस तरह उसने बाकी छह घड़े भी खोलकर देखे। सभी में सोने के सिक्के भरे थे। लेकिन सातवाँ घड़ा आधा भरा हुआ था और उसमें एक कागज रखा था। कागज में लिखा था, 'इन सिक्कों को ढूँढ़ने वाले, सावधान हो जाओ! ये सभी घड़े तुम्हारे हैं लेकिन इन पर एक शाप है। इनको ले जाने वाला कभी इस धन का सुख नहीं भोग पायेगा।'

लालच ने व्यापारी की बुद्धि हर ली थी। उसने बिना समय गँवाये सभी घड़े घर ले जाने का इन्तजाम कर लिया। वह बार-बार उन घड़ों को निहार रहा था और सपने देख रहा था कि इन सिक्कों से वह कितना सुखमय जीवन जी सकता है। लेकिन जैसे ही उसका ध्यान सातवें घड़े पर जाता, उसे आधा भरा देख व्यापारी को बहुत बुरा लगता। उसने सोचा वह खूब मेहनत करेगा और इस घड़े को पूरा भर देगा। जब तक वह सातवें घड़े को पूरा नहीं भर देता, बाकी घड़ों में से एक भी सिक्का खर्च नहीं करेगा।

दूसरे दिन से वह पहले से ज्यादा मेहनत करने लगा। वह जो कुछ भी कमाता उसे इकट्ठा करके सोने के सिक्के खरीद लेता और सातवें घड़े में डाल देता। इस तरह कई साल बीत गये। लेकिन सातवाँ घड़ा भरने का नाम ही नहीं ले रहा था। उसने ज्यादा से ज्यादा धन कमाने के लिए एड़ी-चोटी का जोर लगा दिया। लेकिन सातवें घड़े में जितना भी धन डालता, वह हमेशा आधा खाली रहता था। ज्यादा मेहनत करने और स्वास्थ्य पर ध्यान न दे पाने के कारण व्यापारी गम्भीर रूप से बीमार हो गया। कुछ दिनों बाद उसकी मृत्यु हो गयी। अन्त समय में वह यही सोच रहा था कि उसके पास जो धन था, वह उसके पूरे जीवन के लिए पर्याप्त था, लेकिन फिर भी लालच में अन्धा होकर वह सातवें घड़े को भरने में लग गया। ढेर सारा धन होने के बाद भी उसका सुख नहीं भोग सका। उसे समझ गया था कि मनुष्य के पास कितना भी धन हो, वह कभी उसके लिए पर्याप्त नहीं होता।

शिक्षा

धन की लालसा सदा अपूर्ण ही रहती है।

३५

लालच की परिक्रमा

एक गाँव में थुम्बन नामक लकड़हारा रहता था। एक दिन की बात है, उसकी पत्नी ने उससे कहा कि हमारा जीवन तो ऐसे ही बीत गया, आप जंगल से आगे गये ही नहीं। थुम्बन को बात चुभ गयी। उस दिन वह पेड़ काटने वाली जगह से भी आगे बढ़ता गया। थुम्बन कोई एक मील बढ़ा होगा कि उसे एक ताँबे की खान दिखायी दी। वह बड़ा खुश हुआ और वहाँ से ताँबा लाकर बेचने लगा। कुछ दिन बाद पत्नी ने फिर जिद की तो ताँबे की खदान को पार करते हुए आगे बढ़ा और इस बार उसे चाँदी की खदान मिली। अब वह चाँदी की खदान से चाँदी लाता और उसे बेच कर मौज मनाता।

पत्नी ने कहा कि, 'जरा और आगे जाते तो शायद सोना ही हाथ लगता।' हुआ भी यही। थुम्बन आगे गया, तो सोने की खदान मिली। फिर तो साल में एक बार घूमने की मस्ती में जाता और सोना उठा लाता। पत्नी ने फिर जिद की, तो उसने कहा 'आखिर उसके बाद क्या होगा?' फिर भी वह गया और इस बार उसे हीरे की खदान मिली। उसने एक बार में इतने हीरे उठा लिये कि इनसे वह बाकी की जिन्दगी बड़े ठाठ से गुजर-बसर कर सकता था। घर पहुँचकर उसने पत्नी से कहा, 'अपने लिए इतना ही काफी है। सात पीढ़ी भी बैठकर खा सकते हैं।' पर पत्नी नहीं मानी, तो थुम्बन और आगे गया और जब हीरों की खदान भी पार गया, तो चलते-चलते वह वहीं आ गया, जहाँ से चला था। उसका अपना घर पहले की तरह टूटा-फूटा था और पत्नी पहले की तरह पुराने वस्त्रों में बैठी अपने लालच को कोस रही थी। थुम्बन ने गहरी साँस लेते हुए कहा, 'चलो अच्छा ही हुआ, लालच की एक परिक्रमा पूरी हुई।' वह फिर पहले की तरह मस्ती से जंगल में लकड़ी काटने चल दिया।

शिक्षा

अधिक लालच व्यक्ति को परेशानी और गरीबी में ढकेल देता है।

35

साधु का ज्ञान

एक ज्ञानी साधु-महात्मा था। एक बार उनके पास दो युवक शिष्य बनने के लिए आये साधु किसी को अपना शिष्य नहीं बनाते थे। दोनों ने शिष्य बनने की जिद पकड़ ली, तो साधु ने उनकी परीक्षा ली। उन्होंने दोनों को एक-एक पत्थर देकर कहा कि इसको ऐसे स्थान पर रखकर आओ, जहाँ कोई देखता न हो। दोनों युवक मुट्ठी मे पत्थर को लेकर अलग-अलग दिशाओं में चल पड़े। एक ने कोई निर्जन स्थान ढूँढ़ा और जमीन खोद कर पत्थर को उसमें गाड़ दिया। दूसरा वैसा न कर सका। वह पत्थर को अपनी मुट्ठी में लिये हुए ही साधु के पास लौट आया।

पहले युवक ने साधु को विश्वास दिलाते हुए दृढ़तापूर्वक कहा कि मैंने पत्थर को ऐसे स्थान पर ले जाकर रखा है, जहाँ किसी की दृष्टि नहीं जायेगी और ना ही किसी ने मुझे ऐसा करते हुए देखा है। दूसरे ने अपनी मजबूरी प्रकट करते हुए कहा कि मुझे कोई ऐसा स्थान नहीं मिला, जहाँ कोई देखता न हो। कोई देखे न देखे लेकिन भगवान की आँखें मुझे हर जगह साफ देख रही थी।

दोनों की बातें सुनकर साधु ने पहले युवक से कहा कि तुम मेरे शिष्य बनने के सर्वथा अयोग्य हो, अतः यहाँ से चले जाओ। फिर उन्होंने दूसरे से कहा कि तुम स्वयं ज्ञानी हो और भगवान को घट-घट में देखते हो, अतः तुम्हें किसी का शिष्य बनने की आवश्यकता नहीं है। दोनों को बात समझ में आ गयी थी कि जो कण-कण में भगवान को देखता है, उसे किसी का शिष्य बनने की जरूरत नहीं।

शिक्षा

ईश्वर सर्वज्ञ और सर्वद्रष्टा है- जो यह जानता है वह स्वयं ज्ञानी है। उसे किसी का शिष्य बनने की जरूरत नहीं है।

36

ज्ञान में छिपा धन

गुरु नागार्जुन की असीम कृपा के दर्शन कर एक चोर उनके पास आया। उसने कहा, 'गुरुजी! मैं आपका शिष्य बनना चाहता हूँ, लेकिन पेशे से मैं एक चोर हूँ और चोरी करना नहीं छोड़ सकता। क्या आप मुझे अपना शिष्य बनायेंगे?' गुरु ने कहा, 'तुम्हारे चोरी करने पर कौन पाबन्दी लगा रहा है?' उनकी बात सुनकर चोर को घोर आश्चर्य हुआ। उसने कहा, 'आपसे पहले मैं जितने भी लोगों से मिला, उन्होंने मुझे शिष्य बनाने के पीछे यही शर्त रखी थी कि मैं चोरी करना छोड़ दूँ और आपको कोई फर्क नहीं पड़ रहा।'

गुरु ने कहा, 'तुम वहाँ चोरी करने के उद्देश्य से गये होगे, इसलिए उन्होंने तुम्हें अपना शिष्य बनाने से मना कर दिया। लेकिन मेरे पास तुम शिष्य बनने के उद्देश्य से आये हो। मैं तुम्हें शिष्य की नजर से देख रहा हूँ चोर की दृष्टि से नहीं। मैं तुम्हें अपना शिष्य स्वीकार करता हूँ। अब तुम जाओ और जो करना चाहते हो, करो। लेकिन कुछ भी करते समय सचेत रहना।'

चोर वहाँ से चला गया। कुछ ही दिनों बाद चोर वापस गुरु नागार्जुन के पास आया और बोला, 'मैं उस दिन आपके शब्दों का अर्थ नहीं समझा था, लेकिन अब समझ गया हूँ। आपने मुझे सचेत रहने को इसलिए कहा था, क्योंकि आप जानते थे कि अब मैं चोरी नहीं कर पाऊँगा और आपके पास लौट आऊँगा।' गुरु ने मुस्कराकर पूछा, 'क्यों, तुम्हारे साथ ऐसा क्या हो गया?' चोर ने कहा, 'कल रात मैं एक राजा के महल में चोरी करने गया था। मैंने जैसे ही तिजोरी तोड़ी, उसमें ढेर सारा धन पड़ा हुआ था। उस धन को चुराकर मैं अमीर बन सकता था, लेकिन पता नहीं मुझे क्या हो गया था। वे हीरे-जवाहरात मुझे पत्थर दिखायी देने लगे। तब मुझे समझ में आया कि आपका शिष्य बनकर, जो मुझे मिलने वाला है, उसके आगे यह सारा धन कुछ भी नहीं है। असली धन तो ज्ञान है।'

शिक्षा

ज्ञान से बढ़कर अन्य कोई धन नहीं।

37

खुशी

एक दिन मोहनलाल मोटा-सा कोट पहनकर, अपनी कमर में रस्सी बाँधकर बैल पर बैठा यहाँ से वहाँ घूम रहा था। फिर अचानक उसने इकतारा बजाना शुरू कर दिया। एक राहगीर ने उससे पूछा, 'भई, तुम इतने खुश क्यों हो? क्या तुम्हें कोई खजाना मिल गया है।' मोहनलाल ने कहा, 'ऐसा ही समझो। मेरी खुशी के जो चार कारण हैं, वे भी किसी खजाने से कम नहीं हैं।' राहगीर ने पूछा, 'ऐसे कौन-से कारण हैं। मुझे भी बताओ।' मोहनलाल बोला, 'पहला कारण यह है कि मैं एक मनुष्य हूँ। मैं उन सभी वस्तुओं का भोग कर सकता हूँ, जो केवल मनुष्यों के लिए बनायी गयी हैं। दूसरा, मैं पुरुष हूँ। इसलिए मैं ईश्वर की बनायी सबसे खूबसूरत मूरत स्त्री की सुन्दरता का बखान कर सकता हूँ। तीसरा, अब मैं बूढ़ा हो गया हूँ, इस कारण कम उम्र में मृत्यु को प्राप्त हो जाने वालों की तुलना में अधिक ज्ञानी हूँ और उनसे ज्यादा दुनिया देख चुका हूँ। और चौथा कारण यह है कि अब मैं मृत्यु के लिए तैयार हूँ, इसलिए मुझे किसी प्रकार का भय और चिन्ता नहीं है।' उसकी बातें सुनकर राहगीर बोला, 'सही कहा तुमने। जिसने अपने जीवन में खुश रहने के कारणों को पा लिया, उसे भला खुश रहने से कौन रोक सकता है, मौत भी नहीं।

शिक्षा

जीवन की खुशी के बारे में सोचने का अपना नजरिया व ढंग होता है। आप कितने खुश या दुःखी है यह आपकी सोच पर निर्भर करता है।

३८

हाथ की सुगंध

मोहन रोज एक मन्दिर में जाता था। मन्दिर के बाहर एक फूल बेचने वाले की दुकान थी। मोहन उस दुकान से फूल खरीदा करता था। फूल बेचने वाला बड़ा हँसमुख और खुशमिजाज था। उसकी दुकान से मालाएँ लेने के लिए हमेशा ही लोग उत्सुक रहा करते थे। एक बार मोहन को व्यापार में घाटा लग गया। वह उदास और परेशान रहने लगा। नुकसान की भरपायी के लिए उसे बड़े मकान को गिरवी रखकर छोटे मकान में रहना पड़ रहा था। उसकी आर्थिक हालत कमजोर होती जा रही थी। वह दिन रात अपने नुकसान के बारे में सोचा करता। उसे समझ में नहीं आ रहा था कि वह क्या करे और क्या नहीं। बहुत लोगों ने उससे कहा वह कोई कम पूँजी वाला व्यापार फिर से शुरू करे, लेकिन मोहन का मन छोटे स्तर पर काम करने के लिए मानता ही नहीं था। एक दिन वह अपना दुःखड़ा भगवान के आगे रोने के लिए मन्दिर पहुँच गया।

उसने देखा कि मन्दिर के बाहर छोटी-सी दुकान पर वह फूलवाला पहले की तरह ही मुस्कराते हुए फूल बेच रहा था। मोहन से रहा नहीं गया, तो उसने पूछा कि क्या तुम्हें किसी भी तरह का दुःख नही है, जो इस तरह मुस्कराते रहते हो। फूल वाले ने कहा- 'मैं मानता हूँ कि मेरा काम बहुत अच्छा हैं, मैं एक तरह से फूल बाँटता हूँ और कितनी अच्छी बात हैं कि फूल बाँटने वालों के हाथों से हमेशा फूलों की सुगन्ध उठती रहती है।' मोहन को अपनी समस्या का हल मिल गया था कि कोई भी काम छोटा या बड़ा नहीं होता, हमारी सोच उसे छोटा या बड़ा करती है।

शिक्षा

कोई भी परिश्रम और ईमानदारी का काम छोटा-बड़ा नहीं होता, व्यक्ति की सोच ही छोटी या बड़ी होती है।

39

ढपोल शंख

एक गाँव में भगत राम नाम का व्यक्ति रहता था, जो बहुत गरीब था। वह दिन भर ईश्वर की सेवा में लीन रहता। गाँव वालों को कथा एवं भजन-कीर्तन सुनाना ही उसका काम था। इसके बदले में गाँव वाले उसे जो कुछ भी देते, उससे उसकी गृहस्थी की आवश्यकताओं की पूर्ति नहीं हो पाती थी। इस कारण उसकी पत्नी दिन-रात उसे ताने देती। पत्नी के रोज-रोज के तानों से तंग आकर एक दिन भगत राम जंगल में चला गया और समाधि लगाकर बैठ गया।

वह लम्बे समय तक तपस्या करता रहा उसकी श्रद्धा और भक्ति से प्रसन्न होकर ईश्वर ने उसे एक शंख दिया और कहा, इससे तुम जो कुछ भी माँगोगे, वह तुम्हें मिल जायेगा। शंख पाकर भगत राम बहुत खुश हुआ और घर लौट आया। अब उसकी गृहस्थी की सभी जरूरतें शंख से पूरी होने लगी। वह और ज्यादा मन से ईश्वर की भक्ति करने लगा। उसके ठाट-बाट पड़ोसी श्यामलाल को ईर्ष्या होने लगी। उसने रहस्य मालूम करने की सोची।

जब उसे चमत्कारी शंख के बारे में पता चला, तो उसने उसे चुराने की योजना बनायी। एक रात मौका पाकर श्यामलाल ने शंख चुरा लिया। शंख के न रहने से भगत राम का जीवन संकट में आ गया। उसे परेशान देखकर ईश्वर ने भगत राम को बड़ा शंख दे दिया। बड़ा शंख तेज आवाज में बोला, 'उस छोटे शंख में क्या रखा है? मैं उससे कई गुना ज्यादा दे सकता हूँ।' उसकी बात सुनकर श्यामलाल के मन में लालच आ गया। उसने चुपचाप छोटा शंख भगत राम के घर रख दिया और बड़ा शंख चुराकर ले आया।

श्यामलाल जब भी बड़े शंख से कुछ माँगता, तो वह उसे सौ गुना देने की डींगे हाँकता, लेकिन देता कुछ नहीं था, अब श्यामलाल ढपोल शंख की कोरी बातों से परेशान हो चुका था। जब वह भगत राम को कोसने लगा तो ढपोल शंख बोला- 'भगत राम का शंख असली और मैं हूँ शंख ढपोल, देता-लेता कुछ नहीं, बस बोलूँ बड़े बोल।'

शिक्षा

डींग नहीं हाँकना चाहिए, जो कहो उसे पूरा करो। अथवा वही बात कहो जो पूरा कर सको।

10

अनमोल खजाना

पहाड़ी क्षेत्र के एक गाँव में एक महिला रहती थी। एक दिन वह पहाड़ी से होकर अपने घर जा रही थी तभी रास्ते में उसे कुछ चमकता हुआ दिखायी दिया। उसने पास जाकर देखा, तो वह अनमोल रत्न था। महिला ने उसे अपने झोले में डाल दिया। थोड़ा आगे चलने पर उसे एक राहगीर मिला, जो बहुत भूखा था। महिला ने भोजन निकालने के लिए जैसे ही झोले में हाथ डाला, राहगीर ने रत्न देख लिया और उसे महिला से छीन लिया। महिला ने भी कोई विरोध नहीं किया। उल्टे राहगीर को आशीर्वाद दिया और खुशी-खुशी आगे बढ़ गयी।

राहगीर को बड़ा आश्चर्य हुआ। रत्न लेकर राहगीर भी चला गया। कुछ दिन इसी तरह बीत गये। एक दिन राहगीर सोचने लगा कि आखिर यह बहुमूल्य रत्न उस महिला ने मुझे खुशी-खुशी कैसे दे दिया? क्या उसे इसकी कीमत का अन्दाजा नहीं था? इस बात से परेशान होकर वह ढूँढ़ता हुआ उस महिला के पास आया और रत्न लौटाते हुए बोला 'मैं जानता हूँ कि यह रत्न बहुमूल्य है, लेकिन फिर भी मैं इसे लौटाने आया हूँ।' राहगीर की बात सुनकर महिला अचम्भित रह गयी। उसने कहा, 'तुम यह रत्न क्यों लौटा रहे हो?'

राहगीर बोला, 'इस पर सिर्फ तुम्हारा अधिकार है। मुझे तो वो अनमोल खजाना चाहिए, जो तुम्हारे भीतर छुपा हुआ है। मुझे भी भलाई करना सिखा दो। तुममें वो अच्छाई है, जिसके आगे दुनिया के सभी बहुममूल्य रत्न बेकार हैं। लेकिन हममें से कोई भी व्यक्ति अन्दर में छुपी उस अच्छाई को पहचान नहीं पाता और धन-दौलत के पीछे भागता रहता है।'

शिक्षा

व्यक्ति का सबसे अनमोल खजाना, उसकी भलाई, त्याग, सच्चाई और मानवता है। इसके आगे सभी धन तुच्छ है।

41

गुस्से पर काबू

एक गाँव में बालू नामक किसान रहता था। उसके दस-बारह साल का एक बेटा था, जिसका नाम गोपाल था। गोपाल को बहुत गुस्सा आता था। वह छोटी-छोटी बात पर मरने-मारने को उतारू हो जाता था। बालू ने उसे कई बार समझाने की कोशिश की, लेकिन कोई फायदा नहीं हुआ।

एक दिन बालू ने गोपाल को कीलों से भरा थैला देते हुए कहा, 'बेटा, जब भी तुम्हें गुस्सा आये, घर के सामने लगे पेड़ पर एक कील ठोंक देना। जिस दिन तुम अपने गुस्से पर काबू कर लो और एक भी कील पेड़ पर नहीं ठोको, उस दिन मुझे बताना।'

पहले दिन गोपाल ने तीस कीलें पेड़ पर ठोकीं। कुछ दिन बाद कीलों की संख्या पंद्रह-बीस रह गयी। एक दिन आया, जब गोपाल ने एक भी कील पेड़ में नहीं ठोकी। उस दिन वह अपने पिता के पास गया और बोला, 'पिताजी! मैंने अपने गुस्से पर काबू कर लिया है। आज मैंने एक भी कील नहीं ठोकी।' उसकी बात सुनकर बालू ने कहा, 'अब वे सारी कीलें पेड़ से निकाल दो।' गोपाल ने वैसा ही किया। उसने खींचकर सारी कीलें पेड़ से निकाल दी।

बालू ने कहा, 'तुमने अपने गुस्से पर नियन्त्रण करके बहुत अच्छा काम किया है। लेकिन गुस्सा आने पर तुमने जो कीलें ठोकीं थीं, देखो पेड़ पर उनके निशान रह गये हैं। इसी तरह के निशान दूसरों के मन पर भी बन जाते हैं, जब तुम गुस्से में उन्हें भला-बुरा कहते हो। बाद में चाहे तुम कितनी भी माफी माँगो, लेकिन उन जख्मों को भरा नहीं जा सकता। इसलिए अपने मन, वचन और कर्म से कभी भी ऐसा काम मत करो, जिसके लिए तुम्हें सदैव पछताना पड़े।'

शिक्षा

गुस्से में आकर किसी को भला-बुरा कहना और माफी माँग लेने से अपराध कम नहीं होता, अपितु उस अपराध के निशान हमेशा बने रहते है।

१२

स्वर्ग और नरक की सैर

एक दिन भोलूराम की मृत्यु हो गयी। जब वह ईश्वर से मिला, तो उसने कहा, ‘भगवान। मैं स्वर्ग और नरक दोनों देखना चाहता हूँ। क्या आप मुझे दिखायेंगे?’ ईश्वर ने कहा, ‘ठीक है, चलो।’ ईश्वर उसे ऐसी जगह ले गये, जहाँ समान दिखने वाले दो दरवाजे थे। ईश्वर ने पहला दरवाजा खोला और भीतर चले गये। भोलूराम ने देखा वहाँ एक बड़ी मेज रखी हुई थी। उस पर दुनिया का सर्वश्रेष्ठ भोजन परोसा हुआ था। लेकिन वहाँ बैठे लोग दुबले-पतले और बीमार लग रहे थे। ऐसा लग रहा था, जैसे कई दिनों से उन्होंने कुछ नहीं खाया।

उन सभी ने हाथों में बड़ी-बड़ी चम्मच पकड़ी हुई थी। इतनी लम्बी चम्मचों से खाना बहुत मुश्किल था। उन्हें देखकर भोलूराम को उनके भाग्य पर तरस आ रहा था। तभी ईश्वर ने दूसरा दरवाजा खोला। उस कमरे में लगी मेज पर भी एक से बढ़कर एक पकवान सजे थे। वहाँ बैठे सभी लोग स्वस्थ प्रतीत हो रहे थे। भोलूराम ने ईश्वर से पूछा, ‘इन सभी के हाथों में भी बड़ी-बड़ी चम्मच हैं। इन्हें भी भोजन करने में समस्या होती होगी। लेकिन फिर भी ये लोग पिछले लोगों की तुलना में स्वस्थ हैं। आखिर ये लोग इन चम्मचों से कैसे भोजन करते हैं?’

ईश्वर ने कहा, ‘सीधी बात है, स्वर्ग में सभी लोग बड़े-बड़े चम्मचों से एक-दूसरे को खाना खिला देते हैं, इसलिए वे सभी स्वस्थ और प्रसन्न हैं, जबकि नरक में लालची और स्वार्थी लोग हैं, जो सिर्फ अपने बारे में ही सोचते हैं और दुःखी रहते हैं। वे स्वयं उस बड़ी चम्मच से भोजन करने का प्रयास करते हैं और कुछ नहीं खा पाते।’ ईश्वर की बात सुनकर भोलूराम सोचने लगा-६६ सच है कि जो लोग मिलजुल कर रहते हैं वे हमेशा स्वस्थ रहते हैं।

शिक्षा

सबको मिलजुल कर एक-दूसरे की जरूरतों पर मदद करनी चाहिए।

13

लकड़ी का बक्सा

रामसुख बहुत मेहनती किसान था। लेकिन अब वह बूढ़ा हो चुका था। वह खेतीबाड़ी का ज्यादा काम नहीं कर पाता था। वह रोज खेत पर जाता और थोड़ा-बहुत काम करके एक पेड़ की छाँव में बैठ जाता। उसका बेटा भोला अकसर रामसुख को आराम करते देखता और सोचता, इनसे कुछ काम तो होता नहीं है, अब इनकी क्या आवश्यकता हैं? एक दिन भोला ने लकड़ी का बड़ा बक्सा बनाया। उसने रामसुख को बक्से के भीतर बैठने को कहा रामसुख चुपचाप भीतर बैठ गया। भोला बक्से को जैसे-तैसे खींचकर पहाड़ की चोटी तक ले गया। जैसे ही वह बक्से को धकेलने लगा, रामसुख ने बक्सा खटखटाया।

भोला ने बक्सा खोला। रामसुख ने कहा, 'मुझे मालूम है कि तुम मुझे यहाँ से नीचे फेंकने वाले हो। इससे पहले कि तुम यह करो, मैं तुम्हें एक बात कहना चाहता हूँ। इस बक्से को सँभालकर रखना। जब तुम बूढ़े हो जाओगे, तब यह तुम्हारे बच्चों के काम आयेगा।' पिता की बात सुनकर भोला की आँखें खुल गयीं। वह समझ गया कि शायद उसके बच्चे भी उसके साथ वैसा ही करें जैसा आज वो अपने पिता के साथ कर रहा है। उसने बक्सा खोलकर पिता को बाहर निकाल लिया और उनसे अपनी करनी के लिए माफी माँगने लगा। रामसुख ने भोला को माफ कर गले से लगा लिया।

शिक्षा

जैसा व्यवहार तुम अपने बड़ों के साथ करोगे, तुम्हारे छोटे तुमसे भी वही व्यवहार करेंगे- यह हमेशा सोचना चाहिए।

55

लक्ष्मी को तो जाना है

सेठ करोड़ीमल नाम का एक व्यक्ति था। लक्ष्मी की उस पर बहुत कृपा थी। धीरे-धीरे उसमें धन का अभिमान आने लगा। एक रात उसके सपने में लक्ष्मी आयी और बोलीं, 'सेठ करोड़ीमल! तुम अभिमानी हो गये हो। मैं कुछ समय के लिए तुम्हें छोड़कर गंगा पार फकीरा हलवाई के पास जा रही हूँ।'

यह सुनकर करोड़ीमल की आँख खुल गयी और वह चौंककर उठ गया। अगले ही दिन उसने सारा धन घर की छत की कड़ियों में छुपा दिया। लेकिन उसकी किस्मत खराब थी। कुछ दिन बाद ही भूकम्प आ गया और सेठ के मकान की छत गिर गयी। उसकी कड़ियाँ गंगा में बहकर दूसरे किनारे जा पहुँची। गंगा किनारे बैठे नाविक बुलाकी ने जब वे कड़ियाँ देखीं, तो उसने वे कड़ियाँ फकीरा हलवाई को बेच दीं। जब फकीरा ने वे कड़ियाँ लोहार को तोड़ने को दीं, तो उसमें से सोने की अशर्फियाँ निकलीं। फकीरा वे अशर्फियाँ लेकर अपने घर आ गया।

उधर सेठ का बुरा हाल था। वह जानता था कि उसकी लक्ष्मी फकीरा के पास पहुँच गयी है। एक दिन उसने सोचा, क्यों न फकीरा के पास जाकर विनती करूँ कि वह मेरी लक्ष्मी मुझे लौटा दे।

वह दो रोटी लेकर घर से निकला। बुलाकी नाविक ने उसे गंगा पार करायी और किराया माँगा। करोड़ीमल ने कहा, 'मेरे पास दो रोटी हैं, इसमें से एक रोटी तुम ले लो।' नाविक ने बात मान ली। गंगा के पार पहुँचकर करोड़ीमल सीधा फकीरा हलवाई के पास पहुँचा और उसे सारी बात कह सुनायी। फकीरा को उस पर तरस आ गया और उसने दो लड्डू करोड़ीमल को दे दिये। जिनमें अशर्फियाँ छुपी थीं। करोड़ीमल को कुछ समझ में नहीं आया और वह लड्डू लेकर वापिस गंगा पार जाने के लिए नाविक के पास पहुँचा। नाविक ने जब किराया माँगा, तो हताश करोड़ीमल ने दोनों लड्डू उसे दे दिये और अपने घर लौट आया। वापिस आकर बुलाकी ने सोचा इतने बड़े लड्डू खाकर मैं क्या करूँगा। उसने कुछ रुपयों में दोनों लड्डू फकीरा को बेच दिये। इसीलिए कहा गया है, 'लक्ष्मी को जहाँ रहना है वहीं जाना है, भूकम्प, नाविक, कड़ियाँ तो बस एक बहाना है।

शिक्षा

लक्ष्मी की कृपा धन-दौलत के रूप में भाग्य से ही मिलती है।

१५

मेहमानवाजी का कर्ज

दो राहगीर राजस्थान के रेगिस्तान से गुजर रहे थे। चलते-चलते रास्ते में रात हो गयी। उन्होंने सोचा किसी स्थान पर रूककर आराम कर लेना चाहिए। वे ठहरने के लिए किसी जगह की तलाश कर ही रहे थे कि अचानक उनकी नजर एक मकान पर पड़ी। वे उस मकान में गये और दरवाजा खटखटाया। मकान का मालिक सोहनलाल बाहर निकला। दो व्यक्तियों को खड़ा देख उसने पूछा, 'आप लोग कौन हैं? इतनी रात को यहाँ क्या कर रहे हैं?' राहगीरों ने कहा, 'हम राहगीर हैं। बहुत रात हो गयी है, इसलिए रुकने के लिए आसरा चाहते हैं। यदि आपको कोई तकलीफ न हो, तो क्या आज रात हम यहाँ रूक सकते हैं?'

सोहनलाल ने उन्हें बड़े सम्मान से भीतर बुलाया और जो कुछ घर में खाने को था, वो उनके सामने रख दिया। राहगीर खाना खाकर सो गये। अगले दिन राहगीर सुबह जल्दी उठ गये। उन्होंने तुरन्त मुँह-हाथ धोये और सोहनलाल के सिरहाने कुछ रुपये रखकर अपनी राह पर निकल गये। वे कुछ दूर ही पहुँच थे कि पीछे से चिल्लाने की आवाज आयी, 'रूक जाइये।' राहगीरों ने मुड़कर देखा, तो सोहनलाल भागा चला आ रहा था। उसे देखकर वे दोनों रूक गये।

सोहनलाल ने उनके पास आकर हाँफते हुए कहा, 'यूँ अचानक आप दोनों चले क्यों आये? क्या मुझसे कोई गलती हो गयी?' 'नहीं, ऐसी कोई बात नहीं है मित्र! तुमने तो हमारे लिए बहुत कुछ किया है। हमें जल्दी अपनी मंजिल तय करनी है। बस, इसीलिए चले आये' राहगीरों ने उसे समझाते हुए कहा सोहनलाल उनके हाथ में रुपये थमाते हुए बोला, 'जल्दबाजी में आप इन्हें मेरे घर भूल आये थे। वही लौटाने आया हूँ।' वे बोले, 'नहीं सोहनलाल ये तो हम तुम्हारे लिए रखकर आये थे।' सोहनलाल ने कहा, 'मुझे इनकी जरूरत नहीं है। क्या आप ये रूपए देकर मेरे अपनेपन और मेहमाननवाजी का कर्ज चुकाना चाहते हैं? आप चाहकर भी उसकी कीमत नहीं चुका सकते।' राहगीर सोहनलाल के कहने का अर्थ समझ गये कि जो व्यक्ति मुसीबत में मदद करता है, उसका कर्ज कभी नहीं चुकाया जा सकता। उन्होंने बिना कुछ बोले रुपये ले लिये और सोहनलाल को धन्यवाद कहकर आगे चल दिये।

शिक्षा

आत्मीयता और आतिथ्य-सत्कार का बदला नहीं चुकाया जा सकता।

16

ईश्वर की लीला

समुद्र के किनारे मछुआरों का एक गाँव था। एक शाम सभी मछुआरे अपनी-अपनी नाव लेकर मछली पकड़ने के लिए समुद्र में चले गये। जब वे लौटने लगे, उसी वक्त तूफान आ गया। मछुआरे रास्ता भटक गये।

उधर गाँव में उनका परिवार उनकी चिन्ता में ईश्वर से प्रार्थना कर रहा था। वे सभी बहुत दुःखी थे। तभी अचानक बिजली गिरी और एक मछुआरे के घर में आग लग गयी। सभी मछुआरे गाँव से बाहर थे, इसलिए कोई भी आग नहीं बुझा पाया। सुबह सबकी खुशी का ठिकाना नहीं रहा सभी मछुआरों ने अपनी नावें तट पर सुरक्षित लगा ली थीं। जिस मछुआरे के घर में आग लग गयी थी, उसकी पत्नी ने रोते हुए सारा हाल कह सुनाया। पति ने दुःखी होते हुए कहा, 'घर जलने का दुःख मुझे भी है। लेकिन उस जलते हुए घर को देखकर ही हम समझ पाये थे कि हमारी बस्ती कहाँ हैं।' सुनकर पत्नी का रोना बन्द हो गया और वह ईश्वर को धन्यवाद देने लगी। अगले दिन सभी लोगों ने मिलकर उनके लिए नयी झोंपड़ी बनायी।

शिक्षा

ईश्वर किसी का घर जलाता है, उसके पीछे कोई उद्देश्य अवश्य होता है।

17

पापी का कुआँ

एक साधु जंगल से होकर तीर्थयात्रा पर जा रहा था। चलते-चलते उसे प्यास लगी। थोड़ी दूर चलने पर उसे एक कुआँ दिखायी दिया। पास जाकर उसने देखा, रस्सी और डोल भी वहाँ पड़े थे। साधु ने झट से डोल कुएँ में डाला, पानी निकाला और पी लिया। प्यास बुझने के बाद साधु के मन में विचार आया कि क्यों ना डोल में पानी भरकर साथ ले चलूँ। पानी साथ रहेगा, तो अच्छा होगा। जब भी प्यास लगेगी, पी लूँगा। उसने आस-पास देखा, तो वहाँ कोई रोकने-टोकने वाला नहीं था। साधु ने तुरन्त डोल कुएँ में डाला और पानी भर लिया। जब वह रस्सी से बँधे डोल को खोल रहा था, तभी भीतर से आवाज आयी, 'छिः-छिः यह तू क्या कर रहा है चोरी?'

यह सुनकर साधु ठिठक गया। वह सोच में पड़ गया कि आखिर मेरे मन में चोरी का विचार कैसे आया? डोल और रस्सी छोड़कर साधु उस राज्य के राजा के पास जा पहुँचा। उसने राजा से पूछा, 'आपके राज्य में जो पक्का कुआँ है, वह किसके धन से बना है?' राजा ने पता करवाया, तो पता चला कि एक ठग था। जब वह पकड़ा गया, तो उससे जब्त धन से वह कुआँ तैयार करवाया गया था। साधु बोला, 'चोरी और लूटपाट करके ही उसने वह धन इकट्ठा किया होगा। तभी उस कुएँ से पानी पीते ही मेरी नीयत बिगड़ गयी और मैं डोल चुराकर चलने लगा। सही कहा गया है जैसा धन होता हैं, वैसा ही मन हो जाता है।'

शिक्षा

व्यक्ति जिस प्रकार के व्यक्ति की वस्तु उपयोग में लाता है, उसकी बुद्धि भी उसी से प्रभावित हो जाती है।

18

सच्चा धर्म

सेठ मनचन्दा को लोग धन्नासेठ कहते। उनके यहाँ लोग खाली हाथ आते और मुट्ठी भरकर जाते। एक दिन की बात है, सेठ बड़ी चिन्तित मुद्रा में सेठानी से बोला, 'व्यापार में भारी घाटा लगा है और सब कुछ चला गया है। सुबह आस रखने वाले आयेंगे तो हम उन्हें क्या देंगे? हमें आज ही यह नगर छोड़ना होगा।' सेठानी ने कहा, 'जैसी आपकी इच्छा।' सेठानी ने चार रोटियाँ बाँधी और दोनों रातों-रात ही चल पड़े। सेठानी के हाथ में चार सोने की चूड़ियाँ थी। सेठ ने सोचा उसी से कोई व्यापार शुरू करेंगे। राह में उन्होंने देखा कि एक कुतिया ने चार बच्चों को थोड़ी देर पहले ही जन्म दिया था और वह भूखी कूतिया अपने ही बच्चों को खाने की तैयारी कर रही थी। सेठानी ने अपनी चारों रोटियाँ देकर चारों बच्चों को बचा लिया। उसके बाद वे आगे बढ़े, तो एक सुदामा मिला, जो अपनी बेटी के ब्याह के लिए चिन्तित था। सेठानी ने अपने हाथ की चारों चूड़ियाँ निकाल कर उसे दान कर दी। इस तरह चलते-चलते वे एक नगरी में पहुँचे। पता चला कि यहाँ राजा की बेटी जादुई आइने में धर्म देखती और खरीदती है। सेठ ने कहा, 'मैंने सदा दान-धरम किया है। अब समय आ गया है कि मैं अपना एक धर्म बेचकर कुछ ले आता हूँ।' राजकुमारी ने आइने में देखा, तो उसे सेठ का कोई धर्म नहीं दिखा, सिर्फ सेठानी के दो धर्म दिखे। राजकुमारी ने पूछा, 'बोलो कौन-सा धर्म बेचोगे?' सेठ समझ गया कि उसके पास देने को बहुत कुछ था, इसलिए उसका 'देने का धर्म' नहीं हुआ, जबकि सेठानी ने आखिरी जमा-पूँजी भी दान कर दी और मुँह का निवाला देकर पराए पिल्लों को बचाया, वही सच्चा धर्म था। सेठ ने कहा, 'ये दो धर्म ही हमारे साथ हैं, वह भी बेच देंगे, तो परलोक किस मुँह से जायेंगे।' सेठ ने धर्म नहीं बेचे और फिर से मेहनत-मजदूरी करके पाई-पाई जोड़ ली।

शिक्षा

विपत्ति में भी धर्म का त्याग नहीं करना चाहिए, क्योंकि वही रक्षा करता है।

19

मायाराम की युक्ति

मायाराम के दो बेटे थे-सोहन और मोहन। जब उसके बच्चे बहुत छोटे थे, तभी उसकी पत्नी चल बसी थीं। किंतु मायाराम ने कभी अपने बेटों को माँ की कमी महसूस नहीं होने दी। वह उनकी सभी इच्छाओं का हरदम ध्यान रखता।

समय निकलता गया बेटे बड़े हो गये, मायाराम ने उनके विवाह कर दिये। मायाराम बुढ़ापे की ओर बढ़ने लगा। बुढ़ापा सौ बीमारियों की जड़ होता है, सो मायाराम ने भी जल्द ही खाट पकड़ ली। वह सारी रात खाँसता। अपने बेटों को पानी पिलाने के लिए आवाज देता, मगर कोई भी उसके पास न आता।

बीमार मायाराम खाट पर लेटे-लेटे सोचता रहता-जिस औलाद को पालने के लिए उसने अपनी सारी जिन्दगी खून-पसीना एक कर कड़ी मेहनत की, वही आज उसे एक गिलास पानी देने में भी कोताही कर रही है। कई बार उसे महसूस होता कि उसके दोनों बेटे उसकी नसीहतों का मजाक उड़ाते हैं। वह मन मारकर रह जाता। मायाराम ने दुनिया देखी थी। अतः उसने एक युक्ति सोची। एक दिन उसने बड़े बेटे सोहन को बड़े प्यार से अपने पास बुलाया, 'जरा सुनना तो बेटे!' 'क्या है?' रूखे स्वर में सोहन ने पूछा। मायाराम ने कहा, 'बेटा! मैं अब कुछ दिनों का ही मेहमान हूँ। तुम मेरे बड़े बेटे और सबसे लाडले हो। मरने से पहले मैं एक राज की बात तुम्हें बता देता हूँ। मैंने अपनी खाट के नीचे अपनी सारी कमाई गाड़ रखी है। मेरे बाद उसे निकाल लेना....और हाँ, इसका जिक्र किसी और से भूलकर भी मत करना।'

दूसरे दिन मायाराम ने छोटे बेटे मोहन को भी अकेला पाकर, धन गड़े होने का राज बता दिया और यह भी कह दिया कि वह इसका जिक्र और किसी से न करे। मायाराम की युक्ति काम कर गयी। अब दोनों बेटे और उनकी बहुएँ मायाराम की एक छींक पर दौड़े-दौड़े आते। पानी माँगने पर दूध पिलाते।

शिक्षा

बेटों-बहुओं से सुख पाने के लिए रोगी व असहाय व्यक्ति को युक्ति से काम लेना चाहिए।

50

पदचिह्न

दीनदयाल नाम का एक ग्रामीण था। एक बार उसके गाँव में एक सन्त का आगमन हुआ। दीनदयाल भी उनका प्रवचन सुनने गया। वह सन्त के प्रवचन से बहुत प्रभावित हुआ। उसने सोचा वह भी जीवन के रहस्यों की खोज करेगा और इसके लिए वह सन्त के पदचिह्नों पर चलेगा। कई सालों तक वह सन्त की भाँति वेश बनाये घूमता रहा और उसी की तरह व्यवहार करता रहा लेकिन उसमें कोई परिवर्तन नहीं आया और न ही उसे जीवन का रहस्य मिला। इस बात से वह बहुत दुःखी हो गया।

एक रात उसके सपने में ईश्वर आये। ईश्वर ने उससे पूछा, 'दीनदयाल! तुम इतने दुःखी क्यों हो?' दीनदयाल ने कहा, 'प्रभु! मैं बूढ़ा हो चुका हूँ। अब जीवन का कुछ पता नहीं है। लेकिन अब तक मुझे जीवन के रहस्यों का पता नहीं चला। मैं सन्त की तरह नहीं बन पाया।' ईश्वर ने कहा, 'हर मनुष्य की अपनी पहचान होती है। तुम दीनदयाल बनकर जिये होते, तो अब तक कुछ नया हासिल कर चुके होते, लेकिन तुमने अपना पूरा जीवन संत की तरह बनने में गुजार दिया। जब तुम मेरे पास आते, तो मैं तुमसे यह नहीं पूछता कि तुम कितने अच्छे संत बने बल्कि मैं यह पूछता कि तुम कितने अच्छे मनुष्य बने। सन्त बनना छोड़ो और अच्छे इनसान बनने का प्रयास करो।'

शिक्षा

किसी अच्छे व्यक्ति की नकल करने से अच्छा है-एक सच्चा इनसान बनना। ईश्वर इसी से प्रसन्न होते है।

Quiz Books
(प्रश्नोत्तरी की पुस्तकें)

ENGLISH IMPROVEMENT
(अंग्रेजी सुधार)

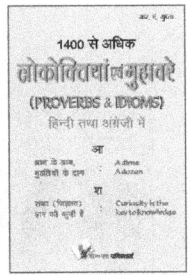

DRAWING BOOKS (ड्राइंग बुक्स)

BIOGRAPHIES (आत्म कथाएँ)

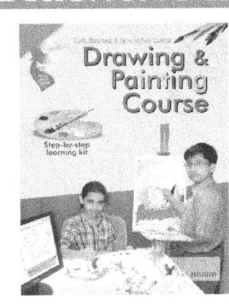

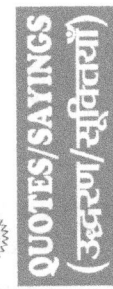

QUOTES/SAYINGS (उद्धरण/सूक्तियाँ)

PUZZLES (पहेलियाँ)

COMPUTER

ACTIVITIES BOOK (एक्टिविटीज बुक)

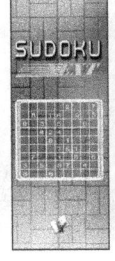

Contact us at sales@vspublishers.com

HINDI LITERATURE
(हिन्दी साहित्य)

MUSIC (संगीत)

MAGIC & FACT (जादू एवं तथ्य)

TALES & STORIES
(कथा एवं कहानियाँ)

NEW All Books Fully Coloured

13004 P • ₹ 120 (Colour) • 64 pp

MYSTERIES (रहस्य)

All books available at www.vspublishers.com

www.ingramcontent.com/pod-product-compliance
Lightning Source LLC
Chambersburg PA
CBHW081135170426
43197CB00017B/2873
9789350570913